Dein volles Potential

Wie Sie durch Körpersprache, Nonverbale Kommunikation und Emotionale Intelligenz Menschen lesen können

Ein Buch von: **Charles Baumeister**

Inhaltsverzeichnis

Vorwort

"Warum hab ich nicht genügend Disziplin" oder "Da muss mit viel Disziplin an die Sache rangegangen werden" sind Sätze, die wir in unserem Leben häufig hören, sagen oder denken. Doch was genau ist diese viel zitierte Selbstdisziplin? Wie zaubert man diese aus dem Händchen und ist es tatsächlich so, dass damit alles klappt? Woher kommt die treibende Kraft, die uns alles erreichen lässt? Muss man damit geboren sein? Sind die Eltern daran schuld, warum wir weicher, labiler und lascher sind als andere Mitmenschen oder liegt es nur an uns selbst?

In diesem Ratgeber geht es um das spannende Thema und wir begleiten Sie auf dem Weg langfristig Ziele zu erreichen. Wir behandeln Punkte wie Selbstmotivation und zeigen Ihnen wie wichtig es ist, sich auf eine Sache einzulassen und auch absolut darauf zu konzentrieren. So finden auch Sie die richtige Methode und lernen Ihr Leben, Ihre Gedanken und Ihr Handeln besser zu organisieren und zu ordnen.

Zunächst sollten Sie sich davon verabschieden, das Wort Selbstdisziplin als negatives Wort zu sehen. Disziplinierte Menschen sollten nicht belächelt, sondern bewundert werden. Selbstdisziplin bedeutet auch nicht Verbissenheit oder ewige Selbstkasteiung. Es ist vielmehr eine Strategie um an seine Ziele zu kommen. Sie müssen sich nur dafür entscheiden, die Strategie erlernen und am Ball bleiben.

Natürlich kann nicht jeder von Natur aus selbstdiszipliniert sein und dem einen fällte es leichter als dem anderen. Doch wir alle haben die Möglichkeit um Disziplin zu erlernen. Wir alle sind mit den selben Werkzeugen ausgestattet, unserem Mut, unseren Gedanken und unserem Willen. Bodybuilder wurden nicht mit einem tollen Körper und Muskeln geboren, sondern mussten hart daran arbeiten. Hinter jedem Top-Model steckt ein kleines Mädchen, doch mit viel Disziplin haben sie sich ihren Traumkörper angeeignet. Das bedeutet jetzt nicht, dass wir alle Models oder Spitzensportler werden sollten und ein perfekter Körper ist auch nicht das Non-Plus-Ultra. Dieses Beispiel soll nur aufzeigen, dass für jeden von uns alles möglich ist. Wir müssen nur wollen.

Es geht darum, dass Sie endlich aufhören und die Schuld am Versagen dem mangelnden Talent oder der mangelnden Schulbildung geben. Auch Kinder aus armen und schlechten Verhältnissen, die keine teure Schulbildung und ein langes Studium vorweisen konnten haben es zu etwas gebracht. Nicht, weil sie Glück hatten, sondern weil sie einen Traum verfolgten und an diesem hart und akribisch gearbeitet haben. Der Schlüssel zum Erfolg ist in uns alleine zu finden, darüber sollten Sie sich ein für allemal klar werden.

In diesem Buch werden Sie viele Situationen und Geschichten lesen, die Sie vielleicht genau so aus Ihrem eigenen Leben kennen. Wir lassen Sie jedoch nicht nur mit diesen Geschichten stehen, sondern zeigen Ihnen zu jeder einzelnen auch Lösungen und Vorschläge. Alleine durch das Lesen sollte es ihnen wie Schuppen von den Augen fallen und Sie erkennen, wie einfach es eigentlich wäre.

Erwarten Sie jedoch nicht, dass die Disziplin von heute auf morgen da ist und Ihre Motivation wie von Zauberhand vorhanden ist. Es wird immer wieder Momente geben, in welchen Sie kämpfen müssen. Disziplin erlernen ist wie ein hartes Training selbst. Doch wie bei Muskeln auch steckt anfangs mehr Anstrengung dahinter. Ist erst ein ordentlicher Grundstock vorhanden, so wird auch das Training einfacher.

Nun wollen wir uns jedoch nicht mehr länger mit Spoilern und Teasern begnügen, sondern gleich mit der harten Materie beginnen. Wir wünschen Ihnen viel Spaß beim Lesen und noch mehr gutes Gelingen beim Umsetzen unserer Ratschläge, Tipps und Tricks. Werfen Sie die Bequemlichkeit über Bord, geben Sie der Faulheit einen Tritt in den Hintern und raffen Sie sich auf mit Power und Lebenslust voran zu schreiten. Ganz wichtig, machen Sie sich Notizen, schreiben Sie Übungen, Checklisten und Übungen für die Praxis in ein Notizbuch. So verinnerlichen Sie die einzelnen Übungen schneller und intensiver. Sie werden sehen, es ist keine Hexerei, ein bisschen mehr Disziplin aufzubringen und dadurch mehr Erfolge einzufahren.

Was ist Selbstdisziplin?

Selbstdisziplin bedeutet, Sie haben eine absolute Kontrolle über Ihre Gedanken und Ihr Handeln. Sie lassen sich nicht von äußeren Umständen beeinflussen und ziehen Ihr Ding durch. Es gibt nichts, dass sich Ihnen in den Weg stellen kann. Über Steine marschieren Sie einfach hinweg und Felsen werden überklettert. Der Weg der vor Ihnen liegt wird gegangen, egal was kommt.

Häufig wird Selbstdisziplin als Tugend bezeichnet. Vielmehr ist es jedoch eine Entscheidung für Selbstbestimmtheit. Es ist die Entscheidung dafür, die eigenen Ziele zu verfolgen und nicht nach Plänen anderer zu gehen. Hier liegt ganz klar der Unterschied zwischen Disziplin und Selbstdisziplin. Bereits in der Schule wird dies deutlich. Entweder wir entscheiden uns dafür, still und aufmerksam in der ersten Reihe zu sitzen, Notizen zu machen und den Unterrichtsstoff aufzusaugen, oder wir werden vom Lehrer zur Disziplin gezwungen. In beiden Fällen ist Ruhe im Klassenzimmer. Im ersten Fall jedoch haben Sie sich selbst dafür entschieden, während Sie im zweiten Fall nur den Wünschen anderer entsprechen.

Um selbstdiszipliniert zu sein, müssen Sie eine eigene Bereitschaft und eine Motivation aufbringen. Entscheiden Sie sich bewusst dafür. Ist es nicht besser nach eigenem Willen zu handeln, als darauf zu warten, von oben Befehle zu erhalten?

Auf jeden Fall bedeutet es, dass Sie den Hintern in die Höhe bekommen und dies nicht, weil jemand mit der Peitsche hinter Ihnen steht. Selbstdisziplin bedeutet auch, sich nicht nur einmal zu dem Vorhaben zu überwinden, sondern konstant den Weg zu verfolgen.

Sie sind selbstdiszipiniert, wenn Sie den Versuchungen widerstehen, die sich den ganzen Tag anbieten. Ob der Eisverkäufer oder die Döner Bude, der Spielsalon, die Flasche Schnaps oder die Packung Zigaretten, das Auto, das gleich neben dem Fahrrad steht oder der Fernseher, all dies können Versuchungen sein, denen Sie mit gehöriger Selbstdisziplin aus dem Weg gehen können.

Wenn Sie Selbstdisziplin besitzen, so werden Sie auch niemals an sich selbst zweifeln. Sie nehmen sich etwas vor und wissen auch sofort, dass Sie dieses Vorhaben bis zum bitteren Ende durchziehen werden. Egal ob eine Diät, ein strikter Sportplan, Sprachen lernen, mit dem Rauchen aufhören oder sparsamer zu leben, ist erst der Vorsatz getroffen, so wird er mit Selbstdisziplin auch knallhart durchgezogen.

Selbstdisziplin setzt sich aus mehreren Komponenten zusammen, die miteinander wirken. Es spielen Akzeptanz, Willenskraft, harte Arbeit, Fleiß und Ausdauer zusammen. Ohne den einzelnen Komponenten funktioniert es nicht. Mit Akzeptanz meinen wir, dass Sie den Jetzt-Zustand oder den Ist-Zustand erkennen und eben akzeptieren müssen, bevor Sie der Sache an den Kragen gehen können. Denn nur, wenn Sie die Realität wahrnehmen, kann diese mit Selbstdisziplin auch verändert werden. Darum beginnen auch Treffen bei den anonymen Alkoholikern immer mit den Worten: "Guten Morgen, mein Name ist Bärbel und ich bin Alkoholiker". Auch wenn besagt Bärbel bereits seit 10 Jahren trocken ist, wird sie sich immer so vorstellen.

Was können spezielle Ist-Zustände sein? Zum Beispiel Übergewicht, eine ständig unordentliche Wohnung, Chaos am Schreibtisch, ständiges Zu-spät-kommen, Trägheit bei der Arbeitssuche oder schlechte Zensuren. Dies sind alles Beispiele für einen Ist-Zustand, der mit etwas

Selbstdisziplin in den Griff zu bekommen ist. Hier haben wir einige Fragen, die Sie sich für die Bestandsaufnahme offen und ehrlich beantworten sollten:

- Wo befinde ich mich gerade?
- Wo liegen gerade meine Stärken und Schwächen?
- Habe ich bis jetzt selbstdiszipliniert gehandelt?
- Wo sind meine Ziele?
- Bin ich ehrlich zu mir selbst?
- Fühle ich mich wohl in meiner Haut?
- Was gäbe es zu ändern? Gewicht, Angewohnheiten usw.

Die nächste Komponente ist die Willenskraft. Ohne Willen ist nichts zu schaffen. Sie können sich noch so sehr wünschen zu rauchen aufzuhören, wenn der Wille dazu fehlt sieht es dennoch schlecht aus. Um den Willen durchzusetzen benötigen Sie ein klares Ziel, eine Vorstellung, wie Sie ans Ziel gelangen, und den Antrieb, diesen Weg auch zu gehen. Das Sprichwort "Wo ein Wille ist, ist auch ein Weg" kommt nicht von ungefähr und hat eine absolute Daseinsberechtigung. Nur wenn Sie etwas wirklich wollen, dann können Sie dies auch verwirklichen.

Danach kommt auch schon die nächste Komponente zum Einsatz, die harte Arbeit. Harte Arbeit bedeutet, die Ärmel hochzukrempeln und tatkräftig ans Werk zu gehen. Liiegt es als Ziel, dass Sie in Zukunft in einer sauberen Wohnung leben möchten, so müssen Sie nun beginnen. Telepathisch entleeren sich die Müllkübel nicht und auch der Kleiderkasten sortiert sich nicht von selbst aus. Der Schreibtisch wird nur durch körperlichen Einsatz geordnet und abnehmen werden Sie nicht, wenn Sie nicht zum markt gehen, gesunde Lebensmittel einkaufen, sich bewegen und für einen guten Kalorienumsatz sorgen.

Erfolgreiche Menschen sind erfolgreich, weil Sie mit Selbstdisziplin Ihre Pläne verfolgen und mit harter Arbeit jeden Tag aufs Neue kämpfen. Die nächste Komponente ist der Fleiß. Es reicht nicht, wenn Sie nur heute die Wohnung aufräumen und morgen landen die leeren Pizza-Kartons wieder achtlos in einer Ecke. Eine Sporteinheit pro Jahr lässt die Kilos nicht langfristig purzeln, ebenso wenig wie Sie abnehmen werden, wenn Sie nur an einem Tag pro Monat fasten. Bleiben Sie am Ball. Durch den Fleiß setzen Sie Ihre Pläne langfristig um und die ganze Sache geht nahtlos in die Komponente Ausdauer über.

Ausdauer bedeutet, die neuen Ziele und Pläne in den Alltag zu integrieren. Die Vorhaben werden zur Gewohnheit. Nach kurzer Zeit fallen die einzelnen Handgriffe so leicht und es kostet kaum mehr Energie. Automatisch wird morgens die Mülltüte mit in den Hof genommen und abends laufen Sie schnell mit dem Staubsauger durch die Wohnung, bevor Sie sich ein Nickerchen auf der Couch gönnen. Ausdauer bedeutet, auch im Sommer noch joggen zu gehen oder jeden Tag vor Dienstende die Akten am Schreibtisch abzuheften und zu sortieren.

Natürlich ist nicht jedes Ziel in Stein gemeißelt. Sie können sich immer wieder selbst hinterfragen. Es kann sein, dass dieser Weg plötzlich nicht mehr der richtige ist. Sie können immer wieder die Richtung neu auslegen. Wichtig ist nur, dass Sie nicht mehr in alte Muster zurückfallen. Ein beispiel dafür ist, Sie bemerken, dass Sie einfach keine Zeit haben, jeden Tag zwei Stunden die Wohnung in Schuss zu halten und stellen eine Haushaltshilfe ein. So haben Sie Zeit für Hobbies und Entspannung, können Freunde treffen, Erledigungen machen und laufen nicht in Gefahr, an Burn-out zu erkranken. Der Weg hat sich zwar verändert, das Ziel ist jedoch dasselbe. Die Wohnung ist immer noch sauber, die Arbeit wurde lediglich delegiert.

Selbstdisziplin ist auf jeden Fall die Kunst, ein Ziel zu verfolgen und das Leben selbst zu bestimmen und selbst zu prägen.

Warum ist Selbstdisziplin so wichtig?

Selbstdisziplin ist deshalb so wichtig, weil Sie dadurch die Möglichkeit haben, Ihr eigenes Leben auf lange Sicht zu verbessern. Ein besseres Leben ist doch kein unangenehmes Argument, oder? Selbstdisziplinierte Menschen fühlen sich sowohl körperlich, psychisch und auch auf geistiger Ebene wohler als Menschen, die ohne Ziele und Pläne durchs Leben gehen.

Sie wirken zufriedener, weil sie auch zufriedener sind und strahlen Selbstbewusstsein aus. Menschen mit Selbstdisziplin wirken stark und garantiert möchten auch Sie von Ihrer Umwelt als starke Persönlichkeit wahr genommen werden. Am Ende winkt mit Selbstdisziplin stets eine Belohnung. Bekannt für den Effekt der Belohnung in Bezug auf Selbstdisziplin wurde im Jahre 1960 ein Experte mit dem sogenannten Marshmallow Experiment. In diesem Experiment wurden Marshmallows an Kinder verteilt und in einem Raum alleine gelassen. Sie erhielten die Auskunft, dass sie die Süßigkeit sofort verspeisen könnten. Wer jedoch bis zur Rückkehr der Leiter warten würde, würde anschließend noch einen weiteren Marshmallow erhalten.

Das Spannende an diesem Experiment ist jetzt nicht, dass nur knapp über die Hälfte der Kinder der Versuchung widerstehen konnten. Der weitere Verlauf gibt viel Auskunft darüber, wie Selbstdisziplin unser Leben beeinflussen kann. Das Lebend der Kinder wurde verfolgt und etwa 20 Jahre später lagen interessante Resultate vor. Jene Kinder, die auf einen zweiten Marshmallow warten konnten und somit schon damals sehr diszipliniert waren, hatten später die besseren Schulnoten und befanden sich auf der Überholspur.

In Bezug auf Schulabschluss, Studienabschluss und berufliche Erfolge hatten diese auch die Nase vorne. Die Kinder aus der selbstdisziplinierten Gruppe hatten keinerlei Drogenprobleme und waren auch schlanker und wiesen ein gesünderes Allgemeinbild auf.

Ob für den zwischenmenschlichen Bereich oder für den beruflichen Alltag, es schadet somit nicht an der Selbstdisziplin zu arbeiten. Natürlich ist es wichtig, den inneren Schweinehund zu besiegen. Und ebenfalls ist es ein Kampf, der nie vorbei sein wird. Immer und überall lauern Verführungen, die uns vom Weg ablenken möchten. Es kostet Überwindung aufzustehen und etwas im Leben zu ändern. Doch Sie sollten hier nicht die Anstrengung sehen, sondern die Belohnung, die hinterher auf Sie wartet.

Selbstdisziplin beeinflusst somit unser gesamtes Leben. Ob in der Schule oder der Ausbildung, im Arbeitsleben, im privaten Umfeld und sogar oder ganz besonders als Eltern, wenn wir als Vorbilder fungieren sollten, um wieder eine neue Generation an disziplinierten Menschen heranzuziehen.

Beispiele für Selbstdisziplin aus dem Alltag - Fails und Lösungen

In diesem Kapitel befassen wir uns mit vielen verschiedenen Situationen, in welchen Selbstdisziplin erforderlich wäre. Wir zeigen auf, wie diese ohne Selbstdisziplin aussehen könnten und wie sich dies mit ein wenig gutem Willen ändern lässt, daher auch Fails und Lösungen. Wichtig ist jedoch, dass Sie hier nicht nur sehen, was Sie falsch machen, sondern welche Verlockungen konkret lauern können, und wie Sie diesen gekonnt aus dem Weg gehen.

Eine Situation, die wir vielleicht alle kennen, ist der Sport. Möglicherweise hat der Arzt zu mehr Bewegung gemahnt, oder die Waage erinnert an schlankere Zeiten. Der Entschluss steht somit fest, Sie wollen von nun an jeden Tag etwas für Ihre Gesundheit tun und zumindest eine Runde im Park zügig spazieren gehen. Dies lässt sich beliebig auf Joggingrunden, Radfahren oder das Fitness-Studio ummünzen.

Der Entschluss ist gefasst und die ersten drei Tage funktionieren auch einwandfrei. Danach wird es schon etwas holprig und an Tag fünf bekommen Sie Ihren Körper einfach nicht vom Sofa hoch. Einmal ist keinmal sagen Sie sich und denken sich, einen Tag pausieren ist halb so schlimm. Doch auch einen Tag später hat sich die Lage nicht verändert. Die nächsten Tage plagt Sie zwar noch das schlechte Gewissen, wenn Sie Ihre tägliche Sporteinheit nicht einhalten, doch zwei Wochen später verschwenden Sie nicht einen Gedanken daran.

Wie können Sie nun diesen Fail wieder gut machen? Zuerst ist es wichtig, dass Sie ganz genau überlegen, warum der Plan fehlgeschlagen ist. Häufig liegt es daran, dass Ihre Ziele einfach zu hoch gesteckt waren. Sie können sich zum Beispiel nicht zum täglichen Laufen zwingen, wenn Sie vorher noch nie gelaufen sind oder Probleme mit den Knien haben. Überlegen Sie gut, welchen Ausgleichssport Sie gerne machen würden und auch könnten. Es gibt wunderbare Alternativen. Auch zu Hause täglich 15 Minuten Gymnastik zu machen ist Bewegung. Zudem lässt sich jede Aktivität kontinuierlich steigern. Wenn Sie sich jedoch von Anfang an überfordern, dann ist das Vorhaben dem Scheitern geweiht. Auch sollten Sie anfangs nicht vom täglichen Sportprogramm träumen. Passen Sie die Ziele Ihren tatsächlichen Möglichkeiten an. Es reichen dreimal pro Woche absolut aus, wenn dies der Garant dafür ist, dass Sie auch wirklich durchhalten.

Wenn aber nur pure Faulheit oder Bequemlichkeit dahinter steckt, dann sollten Sie ebenfalls nach Lösungen suchen. Und: Ausreden zählen hier nicht. Wenn Sie laufen gehen, dann darf Sie der Regen nicht abhalten. Mit einem Regenponcho lässt es sich genauso toll laufen, und die Luft ist doppelt angenehm, wenn sie vom Regen rein gewaschen wurde. Sturm und Hagel lassen Sie zwar nicht ins Freie, halten Sie jedoch nicht davon ab zu Hause auf den Heimtrainer zu klettern oder Liegestütze und Kniebeugen zu absolvieren.

Denken wir nun an das legendäre Marshmallow Experiment, so fehlt nun noch ein ausschlaggebender Teil - die Belohnung. Eigentlich sollte es Belohnung genug sein, durch Sport eine bessere Kondition und eine stabilere Gesundheit zu erhalten. Doch wir wollen mehr. Halten Sie sich eine neue Hose oder einen entspannten Wellness-Urlaub vor Augen, wenn Sie eine gewisse Zeitspanne konsequent durchhalten. Anfangs benötigen Sie vielleicht diese Art der Motivation, später werden Sie nicht einmal mehr daran denken.

Ähnlich geht es mit dem Thema Süßigkeiten zu. Wenn Sie ein Junkie sind und sich schleunigst von Zucker und Co befreien sollten, ist auch hier der erste Schritt Ziele setzen. Falsch wäre auch in diesem Fall sofort alle zuckerhaltigen Lebensmittel zu streichen. Denn seien wir uns ehrlich, dass Sie dies auf Anhieb durchhalten ist eher utopisch. Versuchen Sie zuerst Limonaden durch Wasser zu ersetzen und rationieren Sie Ihre üblichen Süßigkeiten. Gönnen Sie sich zuletzt nur mehr einmal pro Woche etwas Süßes, so lange, bis Sie gar keinen Appetit und Heißhunger mehr darauf verspüren und die Schokolade nur mehr ein seltener Genuss wird.

Auch hier ist es wichtig, dass Sie es wirklich wollen. Alleine nur zu denken, weniger naschen wäre toll, reicht nicht aus. Sie können sich auch hier belohnen. Weniger Süßes bedeutet Gewichtsverlust und als Anreiz können auch in diesem Fall ein neuer Badeanzug oder eine neue Hose sein. Als Motivation können Sie sich auch Post-its an den Kühlschrank kleben. Auch ein Foto, welches Sie vielleicht etwas unvorteilhaft zeigt kann viel Selbstdisziplin hervorrufen.

Denselben Ablauf können Sie mit sämtlichen Genussmitteln anwenden. Egal ob es Alkohol ist, oder Sie auf Zigaretten verzichten möchten, am Anfang steht der Vorsatz, dann setzen Sie sich ein erreichbares Ziel und Motivation. Doch ohne starken Willen dürfen Sie nicht beginnen. Seien Sie von Anfang an mit ganzem herzen und vollster Überzeugung dabei. Enthusiasmus ist das Wort, welches Sie empfinden sollten.

Aber es gibt auch viele Themen und Situationen in welchen Sie Selbstdisziplin benötigen, die nichts mit Genuss oder Sport zu tun haben. Auch diese wollen wir nicht vernachlässigen. Ein wichtiges Thema ist für viele das soziale Umfeld. Sie können zum Beispiel kein Netzwerk an Freunden und Hilfe erwarten, wenn Sie selbst im Gegenzug nie Zeit für andere haben.

Situation: Sie ziehen um und wollen Ihre Freunde zusammentrommeln, damit diese Ihnen beim Schleppen helfen. Sie sind ganz überrascht, da sich keiner Ihrer Bekannten bereit erklärt. Niemand scheint Zeit für Sie zu haben. Nun sollten Se überlegen, warum dies passieren kann. Wahrscheinlich haben Sie auch nie Zeit für andere. Es geht einfach nicht, immer nur Hilfe einzufordern, aber niemals selbst welche anzubieten. Dabei ist es vielleicht nicht einmal wichtig, dass Sie den anderen nicht geholfen haben. Wahrscheinlich fragen sich die anderen, warum sie jemandem helfen sollten, den sie nur zweimal pro Jahr sehen.

Auch wenn es Ihnen oft unangenehm ist und Sie lieber den Abend auf der Couch verbringen würden, nehmen Sie sich Zeit für andere. Egal ob Sie sich einmal pro Woche oder zweimal pro Monat mit Ihren Freunden und Bekannten treffen, wichtig ist, dass Sie dies nicht vernachlässigen. Natürlich ist hier Selbstdisziplin angesagt, damit Sie die Termine einhalten. Garantiert werden Sie nach Ausreden suchen, doch als Belohnung lockt ein stabiles soziales Umfeld und Freunde, die in der Not auch für Sie da sind.

Andere Situation. Jahrelang werden Sie schon von Ihrem Chef ermutigt, die Fortbildung zu besuchen. Bislang hatten Sie nur Ausreden als Antwort gehabt. Zeit, Familie, Kosten und noch mehr haben Sie angeführt anstatt zu verhandeln. Ihr einziger Grund aber, die Fortbildung nicht anzutreten ist, Sie waren in der Schule grottenschlecht, da Sie unter einer Lernschwäche leiden. Das zu verraten waren Sie nun nicht mutig genug. Wenn Sie damals mit Selbstdisziplin die wöchentlichen Stunden bei der Logopädin verfolgt hätten und nicht vom Lerncamp nach zwei Tagen nach Hause gefahren wären, dann hätten Sie jetzt die Chance auf eine tolle Fortbildung mit garantierter Aussicht auf Lohnerhöhung.

Sie verstehen die Quintessenz aus der Geschichte? In dem Moment in welchem Sie das Training, die Nachhilfe oder die psychologischen Sitzungen schwänzten erschien dies eine gute Idee. Anstatt langweiliger 50 Minuten konnten Sie durch die Stadt streifen und verspürten vielleicht auch den Hauch von Abenteuer und Verwegenheit. Doch wir sind alle keine Eintagsfliegen. Unser heutiges Tun und Handeln zieht Konsequenzen nach sich. Auch wenn die Konsequenzen in dem Moment so weit weg zu sein scheinen, sie folgen unweigerlich auf den Fuß. Die einen früher, die anderen später.

Jetzt wurde zwar die Wurzel des Übels gefunden, doch wie lässt sich das wieder ausbügeln? Natürlich können Sie sich 25 Jahre später nicht mehr in Ihr 12-jähriges Ich zurück beamen. Doch es ist noch nicht alles verloren. Wichtig ist: Sie haben Ihren Fehler erkannt. Nun können Sie alles daran setzten, dass Sie sich heute fit für eine Ausbildung oder einen Lehrgang machen.

Suchen Sie sich einen Kurs in der Erwachsenenbildung oder besuchen Sie ein Einzelseminar, welches genau Ihr Problem mit Lernschwäche und Konzentrationsstörungen behandelt. Es ist nie zu spät. Haben Sie diesen durch, können Sie auch beruhigt endlich das Angebot Ihres Chefs annehmen und die berufliche Weiterbildung starten. Doch jetzt muss der absolute Wille Zum Durchhalten vorhanden sein.

Egal ob es beim Erlernen eines Instruments ist, Sprachen, Tanz, eine Sportart oder eine künstlerische Tätigkeit wie malen, schnitzen oder töpfern - je eher Sie bei diesen Projekten mit Selbstdisziplin ans Werk gehen, um so größer ist der Erfolg. Wenn Sie Jahre später bereuen, etwas nicht konsequent verfolgt zu haben, nutzt es wenig, nur zu jammern. Auch jetzt können Sie all diese Tätigkeiten wieder aufgreifen und neu beginnen. Was spricht dagegen, mit 66 Jahren noch einen Gitarrenkurs zu beginnen? Warum sollten Sie nicht mit 70 Jahren noch Russisch lernen oder mit 40 Jahren einen Töpferkurs absolvieren.

Ein sehr wichtiger Bereich für Selbstdisziplin ist die finanzielle Ebene. Geld spielt in unserem Leben eine enorm wichtige Rolle und leider ist genau dieses Geld bei den meisten knapp bemessen. War es vor 30 Jahren noch selbstverständlich, dass bereits in jungen Jahren ein Bausparvertrag oder ein Sparplan abgeschlossen wurde, so ist dies heute eher die Seltenheit. Dies liegt jedoch eher an den schlechten Zinsen und Renditen und die Arten der Anlage und Sparformen haben sich einfach geändert.

In früheren Zeiten wurden diese einmal abgeschlossenen Verträge auch kaum, und wenn nur in Situationen großer Not, vorzeitig aufgelöst. Heute ist es so, dass diese Vorsorgen und Verträge lockerer gesehen werden. Die Moral zum Durchhalten hat sich stark verändert. Passt es gerade nicht, wird die monatliche Rate nicht bezahlt, oder der Vertrag komplett storniert. Hier fehlt es eindeutig an Selbstdisziplin zum Sparen.

Zu wichtig scheint oft ein feucht fröhliches Wochenende und die 50 Euro die in den Sparfond gelangen sollten, landen in der Cocktailbar. Nie war es wichtiger, einen kleinen finanziellen Polster zu besitzen und paradoxerweise waren wir Menschen nie weniger zum Sparen aufgelegt als heute.

Dabei kann jeder sparen. Es gibt hier keine Ausreden, egal wie groß oder wie klein der eigene Verdienst ist. Selbst 10 Euro pro Monat sind ein Anfang wenn diese konsequent zur Seite gelegt werden. Ziehen Sie jedoch diesen Betrag nicht ins Lächerliche, sondern nehmen Sie ihn ernst. Und nein, es ist nicht egal, wenn Sie diesen Monat diesen Betrag nicht zur Seite legen. Hier müssen Sie mit absoluter

Selbstdisziplin zur Sache gehen. Und auch wenn Sie das Ersparte zu Hause horten, greifen Sie es nicht an, niemals.

Wenn bis jetzt die Selbstdisziplin zum Sparen gefehlt hat, überlegen Sie warum. Wie gesagt, auch wenn die finanziellen Möglichkeiten nicht viel Spielraum bieten, auch der kleinste Betrag ist ein Anfang. Nur diesen gilt es ab nun konsequent und diszipliniert zur Seite zu legen. Sie können ja jederzeit aufstocken, sofern es die Finanzlage zulässt.

Sie sehen, es gibt so viele Beispiele aus dem Alltag, in welchen mangelnde Selbstdisziplin schlimme Konsequenzen mit sich zieht. Doch genauso sehen Sie, dass es für jede auch eine oder mehr Lösungen gibt. Auch wenn jetzt nicht jede Situation auf Sie zutrifft, so lassen sich anhand dieser Beispiele viele andere Szenarien ableiten. In jedem Fall denken Sie nach warum und setzen Sie sich ein neues Ziel. Fokussieren Sie sich darauf und halten Sie mit viel Willenskraft durch.

Von verpassten Chancen

Wie Sie im vorherigen Kapitel gelernt haben, müssen verpasste Chancen in der Vergangenheit nicht das totale Aus bedeuten. Natürlich sind verpasste Chancen ärgerlich. Doch, sobald Sie sich darüber ärgern, ist dies auch ein positives Zeichen. Sie haben die verpasste Chance erkannt. Genau dieser Punkt ist wichtig und von hier an kann es nur bergauf gehen und besser werden. Auch hier greift wieder ein altes Sprichwort, dass Einsicht der beste Weg zur Verbesserung ist.

Dieselbe Chance kommt natürlich nicht in dieser Weise nochmal. Doch mit etwas Mehraufwand können Sie dieselben Situationen wieder erzeugen. Der Mehraufwand kann mehr Kraft, mehr Energie, oder auch ein finanzieller Aufwand sein. Haben Sie die kostenlose Ausbildung in jungen Jahren verpasst, so ist die Erwachsenenbildung eine oft kostenintensive Geschichte. Doch, Sie wissen was Se wollen und sollten alles daran setzen, um dies auch zu erreichen.

Verpasste Chancen, die Sie erkennen, bewahren Sie in Zukunft davor, eine Chance dieser Art noch einmal ungenutzt vorbeiziehen zu lassen. Verpasste Chancen bieten Ihnen die Möglichkeit zu wachsen. Sie haben die Moral aus der Geschichte erkannt und ziehen daraus Ihre Lehren. Sehen Sie somit die verpassten Chancen nicht negativ. Im Endeffekt ist es immer noch so, das Fehler menschlich sind. Und wer noch nie in seinem Leben einen Fehler begangen hat, der hatte auch keine Chance daran zu wachsen.

Warum Vorsätze zu Neujahr nie von Erfolg gekrönt sind

Sind Neujahrsvorsätze wirklich absolut freiwillig, oder nehmen wir uns diese nur vor, weil es einfach dazu gehört? Überlegen Sie wirklich im Vorfeld, ob oder was Sie im neuen Jahr besser oder anders machen können oder wiederholen Sie einfach die Vorsätze der letzten Jahre, wenn Sie danach gefragt werden. Vorsätze zum neuen Jahr sind meist nicht mehr als leere Floskeln. Sie haben eine Ernsthaftigkeit wie das "Danke gut" auf die Frage wie es Ihnen geht.

Zudem sind diese Vorsätze ein Ritual, das ohnehin nicht ernst genommen wird. Diese Vorsätze sind nicht verbindlich sondern werden ausgesprochen, einfach weil sie dazugehören wie Raketen starten, Sekt trinken und Blei gießen. Wenn Sie tatsächlich genau zum Beginn des neuen Jahres mit einem guten Vorsatz starten möchten, und diesen auch diszipliniert verfolgen wollen, dann darf dies auf keinen Fall eine Spontanentscheidung sein. Dann ist auch der Zeitpunkt für den Entschluss nicht relevant.

Legen Sie auch hier ein Ziel fest. Was spricht dagegen, diesen Vorsatz auf Papier niederzuschreiben? Nichts, und meist lassen sich Vorsätze, die schriftlich verfasst wurden, einfacher umsetzen. Einfach daher, es steckt mehr Ernsthaftigkeit dahinter. Das wichtigste ist, dass Sie auch sofort am Ersten des Jahres mit der Umsetzung beginnen. Dies ist enorm wichtig, denn wer am Neujahrstag seinen inneren Schweinehund bezwingen kann, der dürfte auch im restlichen Jahr klare Vorteile haben.

Die Macht der Gedanken

Jedes Vorhaben muss im Vorfeld formuliert werden. Die Vorsätze und Ideen entstehen im Kopf. Hier gibt es eine enorm wichtige Sache, die Sie beachten müssen. Formulieren Sie alle Vorhaben ausschließlich positiv. "Ich möchte mich nicht mehr so ungesund ernähren" ist eine negative Formulierung. "Ich will mich von nun an gesund ernähren" ist hingegen die positive Formulierung des selben Ziels. Hier spielt die Macht der Gedanken eine große Rolle. Sobald das Wörtchen nicht vorkommt, haben die Gedanken einen Schlupfweg.

Mit der Macht der Gedanken lässt sich im Prinzip alles erreichen. Unsere Gedanken beeinflussen unser Leben und unser Handeln. In der Quantenphysik spricht man hier von positiven und negativen Schwingungen, die von unseren Gedanken ausgehen. Positive Gedanken ziehen positives Handeln nach sich. Dadurch wird es auch kinderleicht, das Vorhaben erfolgreich durchzuziehen. Der Aufwand den Sie aufbringen müssen und die benötigte Selbstdisziplin werden dadurch geringer.

Bereits unsere Gedanken bestimmen über unsere Gefühle. Unsere Gefühle sind dafür verantwortlich, wie wir in den einzelnen Situationen handeln. Positive Gefühle sind motivierend und lassen uns durchhalten. Negative Gefühle hingegen werden uns eher aufgeben und abbrechen lassen.

Das beste Beispiel dafür, wie Gedanken und Selbstdisziplin zusammenhängen können wir wieder anhand einer Diät geben. Stellen Sie sich vor, Sie sind auf Diät, sehen einen Kuchen und ständig kreisen nun Ihre Gedanken um dieses verführerische Stück Zucker. Nun wird es hart, genügend Selbstdisziplin aufzubringen, um dem Kuchen zu widerstehen. Wenn Sie diese Gedanken jedoch nicht zulassen, dann denken Sie 10 Minuten später nicht mehr daran. Sie sehen denn Kuchen, denken sich "schön, aber ich brauche den nicht" und gehen weiter. Damit ist die Situation auch schon geklärt.

Versuchen Sie daher auch die Dinge die Sie nicht möchten, nicht zu erwähnen oder sich bildlich vorzustellen. Ein Beispiel dafür: Wenn Sie denken "Ich will nicht rauchen" haben Sie dennoch vor dem geistigen Auge ein Bild mit Zigarette vor sich. Besser ist hier ein. "Gott sei Dank bin ich ewig rauchfrei". Bei diesem Satz kommen eher Bilder von guter Luft als vom qualmenden Aschenbecher zustande.

Doch wie können wir nun die Macht der Gedanken effizient einsetzen? Auch hier ist es wichtig, dass Sie Ihr Ziel kennen und sich darauf fokussieren. Beim Arbeiten mit der Macht der Gedanken dürfen Sie auch ruhig etwas vorgreifen. Sie können sich direkt das Ziel bildlich vorstellen.

Auch hier wollen wir wieder einige Praxisbeispiele aufführen, da es so verständlich und nachvollziehbar wird. Das Ziel ist erfolgreich die neue Abteilung zu leiten. Stellen Sie sich nun in Anzug und Krawatte vor, wie Sie vor der versammelten Mannschaft stehen und die Arbeit delegieren.

Wenn das Ziel Gewichtsverlust ist, stellen Sie sich mit der Wunschfigur voll, wie Sie in einem Club tanzen und spüren Sie die neidischen Blicke. Thema Nichtraucher sehen Sie sich ohne Glimmstengel usw. Rufen Sie einfach sämtliche positiven Bilder auf, die Ihnen zu diesem Thema einfallen. Sie können auch ruhig tagträumen. Dazu müssen Sie natürlich genau wissen was Sie wollen. Zu beginn steht auch hier wieder: Fokussieren Sie sich absolut auf Ihr Ziel.

Selbstdisziplin im sozialen Umfeld

Sie werden sich fragen, was denn damit schon wieder gemeint ist. In diesem Kapitel geht es darum, wie Sie auch im Umgang mit anderen immer wieder viel Selbstdisziplin aufbringen müssen. Was haben soziale Kontakte mit Selbstdisziplin zu tun? Jedes Gespräch, jede Diskussion und besonders jeder Streit entfachen Gefühle in uns. Genau um diese Gefühle geht es in diesem Kapitel und darum, diese zu kontrollieren.

Doch warum sollten Sie Ihre Gefühle kontrollieren? Sollten wir uns nicht immer so präsentieren wie wir sind? Soll dies nun eine Aufforderung dazu sein, sich zu verstellen? Nein auf keinen Fall, es ist jedoch ein gravierender Unterschied dazwischen, ob Sie Ihre Gefühle auf der Zunge tragen, oder ob Sie sich in weiser Zurückhaltung üben können. Und genau hier kommt die viel zitierte Selbstdisziplin ins Spiel.

Damit Sie auch hier genau verstehen, wie Selbstdisziplin zum Einsatz kommt, wollen wir verschiedene Beispiele bringen. Stellen Sie sich vor, Sie arbeiten in einem Großraumbüro. Tagtäglich treffen Sie dort mit weiteren 10 Kollegen zusammen und natürlich wird dort auch getratscht und geklatscht was das Zeugs hält. Seien Sie sich jedoch bewusst, das Tratsch das gefährlichste überhaupt sein kann. Auch wenn viele Dinge hinter vorgehaltener Hand erzählt werden, alles kommt am Ende des Tages ans Licht. Egal wer über wen gelästert hat, am nächsten Tag dreht sich der Wind und Sie können der Buhmann sein.

Halten Sie sich bei diesen Aktivitäten zurück. Bleiben Sie dabei jedoch freundlich, aber weisen Sie alle anderen darauf hin, dass Sie an Tratsch nicht interessiert sind, ohne jemanden verletzen zu wollen. Vergessen Sie nie, auch wenn sich heute alle gegen den Chef verbünden, bei der nächsten Gelegenheit wird vielleicht genau Ihre Aussage gegen Sie verwendet und könnte Ihnen im schlimmsten Fall den Job kosten.

Gefährliche Stolperfallen im Arbeitsalltag sind auch Aktivitäten wie Weihnachtsfeiern und Firmenausflüge. Seien Sie hier besonders diszipliniert. Verzichten Sie auf Alkohol und halten Sie sich von Spielen fern, die am Ende nur peinlich werden können. Was heute lustig ist, kann Sie schon morgen im Erdboden versinken lassen.

Selbstdisziplin im Umgang mit Freunden und Bekannten schließt ebenfalls Tratsch und Klatsch ein. Viel wichtiger ist es aber hier, dass Sie nicht immer nur Ihr Ego in den Vordergrund stellen. Lassen Sie auch andere Meinungen gelten und drängen Sie nicht auf Biegen oder Brechen anderen Ihre Ansichten auf.

Auch im Streit sollten Sie stets so viel Selbstdisziplin aufbringen, dass dieser nicht ausartet. Sie werden sich jetzt fragen, warum Sie sich zusammenreißen sollen. Streit entsteht doch immer zwischen zwei Parteien - und das ist auch richtig. Nur sollte es bei jedem Streit eben eine Partei geben, welche die Sache unter Kontrolle oder mehr oder weniger im Griff hat. Streit ist ein negativer Faktor, der Ihr Leben belastet. Es sei denn, er ist gefüllt mit konstruktiver Kritik, cleveren Argumenten und fairen Worten. Um dies so hinzubekommen müssen Sie viel Selbstdisziplin aufbringen, damit nicht im größten Ärger unüberlegte Worte über Ihre Lippen kommen.

Doch wie soll das funktionieren? Bevor Sie in rasender Wut antworten, halten Sie einen Moment inne. Zählen Sie innerlich langsam bis zehn und überlegen Sie, wie sehr Sie selbst verletzt wären, wenn jemand Ihnen die Worte an den Kopf werfen würde, die Sie gerade auf den Lippen haben. Denken Sie nach, wie sehr Sie verletzen können und was Sie mit diesen Worten anrichten können.

Sehr unterschätzt wird die Macht des Internets. Auch hier ist es schlau, wenn Sie mit Selbstdisziplin am Keyboard sitzen. Sie kennen das garantiert. Wenn Sie auf den sozialen Netzwerken durch Beiträge scrollen und lesen, dann verstecken sich hinter vielen anonymen Profilen oft die aggresivsten Menschen. Lassen Sie sich jedoch von solchen Worten nicht anstacheln. Egal ob es sich um Forenbeiträge, Kommentare oder Posts zu Ihren eigenen Bildern handelt. Es kostet nur sinnlose Energie, gegen diese vermeintlichen Ritter vorzugehen, die sich hinter dem Bildschirm verstecken. In Wirklichkeit handelt es sich hierbei meist um Menschen, die in der realen Welt kaum etwas zu sagen haben. Bewahren Sie hier die Selbstdisziplin und sparen Sie sich Worte und Gefühle. Der Zeitaufwand ist es nicht wert. Die Zeit können Sie mit weitaus schöneren Dingen verbringen.

Selbstdisziplin, Selbstbeherrschung und Treue

Unser Leben ist schnelllebig und alles ändert sich in Windeseile. Genau in diesem Tempo scheint es oft, ändern sich auch Beziehungen. Warum heute Beziehungen so schnell auseinander gehen hat natürlich vielerlei Gründe. Und garantiert gab es vor 50 Jahren bedeutend weniger Scheidungen, weil es einfach in der Gesellschaft nicht akzeptiert wurde, und weil alleinstehende Frauen auch bedeutend weniger Chancen hatten um zu überleben. Doch dies alleine ist nicht der Grund.

Früher hatte man andere Werte. Nicht jeder Streit wurde zum Anlass genommen, um sich zu trennen. Und natürlich waren auch die Verführungen nur halb so groß. Konnte man in früherer Zeit einen Partner für einen Seitensprung nur auf dem Dorffest kennen lernen, so genügt heute ein Klick auf eine Dating App und die Sache ist gebongt. Darum ist es so wichtig, auch hier diszipliniert zu sein, und nicht jeder Verführung in die Falle zu tappen. Denn Hand aufs Herz, wir alle wünschen und doch eine Beziehung, die glücklich ist und funktioniert.

Selbstdisziplin ist vor allem bei Dingen wie schnelle und vermeintlich geheime Chats gefragt. Wer in einer Beziehung ist sollte sich fragen, ob es wirklich das ist, was man möchte. Sie müssen nicht, nur weil Sie können. Setzen Sie Prioritäten. Wenn die Beziehung an oberster Stelle steht, sollten Sie es nicht wegen kleiner Spielereien aufs Spiel setzen.

Selbstdisziplin sollten Sie auch in allen Situationen praktizieren, in welchen Versuchungen drohen. Egal ob auf der Firmenfeier, dem Junggesellenabschied oder im Büro, wenn der oder die neue Mitarbeiterin auf der Pirsch ist. Der einzige Weg, wie man hier Selbstdisziplin üben kann ist, kein Interesse zeigen, höflich bleiben und diverse Angebote freundlich aber dankend ablehnen.

Ebenfalls ein wichtiger Punkt bezüglich Selbstdisziplin und Beziehungen ist das Vertrauen. Laut einer neuen Studie haben mehr als 80% der Paare, egal ob männlich oder weiblich so wenig Vertrauen in Ihren Partner, dass Sie Taschen, Ordner und sogar Computer und Mobiltelefone durchsuchen. Wer an diesem Punkt angelangt ist zeigt nicht nur, dass er keinerlei Vertrauen und Respekt zu und vor seinem Partner hat, auch das eigene Selbstwertgefühl sinkt drastisch ab.

Haben Sie die Selbstbeherrschung und sparen Sie sich diese Aktionen. Wenn Sie wirklich so interessiert am Inhalt der Ordner Ihres Partners haben, dann klären Sie dies in einem vernünftigen Gespräch. Auch wenn es juckt in den Fingern, weil das Handy unverschlossen vor Ihnen liegt und der Partner gerade nicht im Raum ist, nehmen Sie all Ihre Selbstdisziplin zusammen und lassen Sie die Finger davon. Aktionen wie diese bringen nichts, außer böses Blut und Ärger.

Wichtige Fragen, die Sie sich beantworten sollten

In diesem kurzen Kapitel wollen wir einige Fragen aufzeigen, die Sie sich für die Zielfindung und Selbstdisziplin beantworten sollten. Dabei wäre es von Vorteil, wenn Sie die Fragen nicht nur während des Lesens und nebenbei beantworten, sondern sich Zeit dafür nehmen. Verwenden Sie dazu ruhig einen Notizblock und formulieren Sie die einzelnen Fragen und schreiben Sie Ihre persönlichen Antworten auf.

Erstellen Sie eine Liste, in welchen bereichen Sie sich für sich selbst mehr Selbstdisziplin wünschen. Nun lesen Sie sich die einzelnen Sätze durch und überlegen, wofür Sie sich das alles wünschen. Denn wichtig ist, dass Sie auch die Motivation dahinter realisieren. Wichtig ist, dass Sie all diese Ziele auch aus persönlichen Gründen verfolgen.

Wenn der erste Satz lautet, dass Sie endlich mit dem Rauchen aufhören möchten, so sollte hinter dem wofür eine persönlich ambitionierte Antwort stehen. Das bedeutet, Sie machen es, damit Sie in Zukunft besser atmen können, damit Sie Geld sparen, gesünder leben, oder die Vorhänge in Ihrer Wohnung nicht jede Woche zu waschen sind. Falsche Motivationen wären, wenn Sie das Rauchen für andere aufgeben möchten. Ausgeschlossen sind hier natürlich Situationen, wenn Sie mit Ihrem Partner der Nichtraucher ist zusammen ziehen oder Sie vielleicht Nachwuchs erwarten. Generell aber sollten alle Ziele für Sie selbst sein. Wenn Sie Dinge anderen Menschen zuliebe machen, ohne wirklich selbst dahinter zu stehen, dann sind die Chancen hoch, dass auch die beste Selbstdisziplin nicht reicht.

Daher ist es wichtig, alle Ziele zu hinterfragen. Danach beantworten Sie die Frage: "Was wird sein, wenn ich mein Ziel erreicht habe?"

Können Sie sich vorstellen, was sich verändert hat? Stellen Sie sich dies ebenfalls bildlich vor. Arbeiten Sie so den gesamten Fragenkatalog ab. Dies muss natürlich nicht an einem Tag geschehen. nehmen Sie sich Zeit. Am Ende aber werden Sie bemerken, dass dadurch Ihre Motivation enorm gestiegen ist.

Nun wird es sicher einige Ziele geben, für die Sie keine vernünftige Antwort finden. Diese Ziele sollten Sie noch ein weiteres Mal hinterfragen. Aller Wahrscheinlichkeit nach handelt es sich hier um Ziele, die Sie entweder halbherzig gefasst haben oder aus den falschen Motivationsgründen. Vielleicht handelt es sich auch um ein bedeutungsloses Ziel, oder Sie haben es nur aufgeschrieben, weil Sie durch äußere Einflüsse dazu animiert wurden.

Hinterfragen Sie die Ziele ein weiteres Mal. Sie sollten Freude dabei verspüren, wenn Sie daran denken. Es kann im Bauch kribbeln und Sie sollen sich gut dabei fühlen. Sie sollen keine Abneigung und keinen Widerstand verspüren. Es soll kein Ziel sein, das Sie gewählt haben, um anderen zu gefallen. Auch soll es kein Ziel sein, dass Sie aus Not gewählt haben. Ziele müssen immer frei von Zwängen sein.

Nach diesem weiteren Check-up und dem Beantworten des Fragenkataogs können Sie nun die Verwirklichung in Angriff nehmen.

Wie Sie sich selbst ein bisschen überlisten können

Auf dem Weg zu mehr Selbstdisziplin kann es nicht schaden, wenn Sie sich selbst den ein oder anderen kleinen Schubs geben. Mit kleinen Kniffen machen Sie sich selbst das Durchhalten leichter. Dabei sind es meist nur ein paar Handgriffe und ein paar Tricks, wie Sie sich selbst psychologisch quasi überlisten können.

Wenn Sie zum Beispiel gleich nach der Arbeit joggen gehen möchten, bereiten Sie bereits am Vorabend oder am Morgen die Jogging-Klamotten und die Laufschuhe vor. Stellen Sie alles griffbereit hin. Wenn Sie nach Hause kommen müssen Sie so nur mehr zugreifen und können sofort wieder das Haus verlassen. Dadurch ist die Gefahr geringer, dass der innere Schweinehund noch zuschlägt.

Wenn nach der Arbeit der Hausputz auf dem Plan steht, räumen Sie schon morgens den Staubsauger aus der Kammer und bereiten Sie Putzmittel und Kübel vor. So können Sie ebenfalls sofort nach der Arbeit starten und schieben es nicht aus Bequemlichkeit wieder auf.

Wenn Sie für die Abendschule lernen müssen, achten Sie darauf, dass Sie immer Unterlagen griffbereit haben. Für den Sprachkurs können Sie das Vokabelheft direkt auf den Frühstückstisch platzieren und wenn abends der Ordner für die Buchhaltung bereits am Tisch wartet werden Sie auch eher rangehen.

Diese kleinen Tricks nennen sich Streamlines. So können Sie jedes Ziel mit wenig Aufwand vorbereiten, damit anschließend die Durchführung einfacher fällt.

Bereiten Sie dies am besten am Morgen vor, oder zu jenem Zeitpunkt an dem Sie die meiste Energie und Motivation aufbringen. Stellen Sie es sich so vor, als würden Sie schon am Vorabend den Frühstückstisch decken, damit Sie sich morgens nur mehr gemütlich hinsetzen müssen. Kleiner Trick- große Wirkung.

Haben große Persönlichkeiten und Stars enorm viel Selbstdisziplin? Ist dies der Schlüssel zum Erfolg?

Es gibt einige dieser sogenannten Celbrities, bei denen es ganz offensichtlich ist, dass hinter ihrem Erfolg auch sehr viel Selbstdisziplin steckt. Genau diese Eigenschaften können wir uns von den großen und kleinen Berühmtheiten abgucken und uns diese zum Vorbild machen. Dafür müssen Sie jedoch etwas genauer hinsehen und hinter die Kulisse blicken. Auf der Bühne werden Sie nur strahlende Gesichter sehen, der Schweiß und die Anstrengung dahinter bleibt meist verborgen. Sie können dazu jede x-beliebige Persönlichkeit hernehmen. Hinterfragen Sie nun, was diesen menschen so groß, stark und berühmt gemacht hat. Versuchen Sie den Lebensweg aufzuschlüsseln und lernen Sie von den Eigenschaften, Angewohnheiten und Charakterzügen, die den Stars zu Ihrer Berühmtheit verholfen haben.

Anhand einiger Beispiel wollen wir Ihnen dieses Thema wieder etwas näher bringen, damit Sie sehen, dass es ganz einfach ist. Und damit Sie zudem sehen, dass auch diesen Menschen der Erfolg nicht in den Schoss gefallen ist.

Beginnen wollen wir hier mit Heidi Klum, da sie ein ganz ausgezeichnetes beispiel dafür ist, wie man sich jahrelang ganz oben hält. Begonnen hat dieses heutige Supermodel ebenfalls klein, hatte natürlich das Glück durch eine Misswahl ins Fernsehen zu kommen. Doch hier endet für viele der Erfolg bereits, denn was jetzt kommt ist harte

Arbeit. Disziplin beim Essen und viel Sport gehören zu dem leben als Model dazu. Oder denken Sie, eine Frau über 40 hat von Natur aus eine perfekte Figur? Auch Heidi Klum musste nach ihren Kindern hart trainieren um wieder in Form zu kommen. Natürlich werden Sie sagen, dass dies der Job der Models ist und die Mädchen nichts anderes machen müssen, als sich um ihre Schönheit zu kümmern. Doch auch das ist Arbeit. Work-out noch vor Sonnenaufgang, Verzicht auf Junk-Food und Alkohol, Meditation, Yoga und viel Schlaf gibt es hier anstatt Party und faule Wochenenden. Und ja, es ist richtig, es ist der Job der Models, gut auszusehen. Doch genauso ernst sollten Sie Ihren eigenen Beruf nehmen. Nur so können Sie auch dauerhaft erfolgreich werden. Da gehören längere Arbeitstage, Wochenenden, an denen Sie sich Arbeit mit nach Hause nehmen und Seminare einfach dazu.

Ein weiterer Prominenter, der mit viel Schweiß sehr viel erreicht hat ist Arnold Schwarzenegger. Der Österreicher kam aus einer armen Familie und hatte einen Traum. Er wollte Bodybuilder werden und er wollte es in Amerika schaffen. Für diesen Traum gönnte er sich selbst jahrelang nichts und arbeitete an seinem Körper, der sein wichtigstes Instrument werden sollte. Nach seiner sportlichen Karriere kämpfte er verbissen für seinen Traum Schauspieler zu werden und genauso hart verfolgte er danach sein Ziel, in die Politik zu gehen. Heute könnte sich dieser Mann auf seinen Lorbeeren ausruhen, doch immer noch reist er um die Welt und gibt spannende Seminare um andere zu begeistern und zu motivieren.

Arni hat ein Ziel nach dem anderen verfolgt. Er hat seine Ziele visualisiert und nicht aufgegeben, bis er alles erreicht hat. Dazu gehört eine ordentliche Portion Selbstdisziplin. Eines haben diese Menschen ebenfalls gemeinsam. Sie sind extrovertiert und großartig im Umgang mit Menschen. Ihr hoher Level in Kommunikation ist bewundernswert und auch die Fähigkeit sich selbst zu vermarkten einfach grandios. Es ist jedoch auch offensichtlich, dass diese Personen Feuer unter dem Hinterteil haben und alles aus eigener Initiative schaffen. Daran können wir uns ein Beispiel nehmen und gleichzeitig erkennen, dass sich Selbstdisziplin und harte Arbeit auszahlen.

Doch auch jeder Schriftsteller und jeder Autor benötigt Selbstdisziplin. Die Ideen für einen Bestseller kommen nicht über Nacht auf Papier. Und auch wenn heute die meisten Autoren nicht mehr mit Papier und Bleistift arbeiten, so müssen die Worte dennoch geschrieben werden. Wenn Sie also die grandiose Idee für ein Buch haben und der Kopf vor Geschichten überquillt, Sie benötigen dennoch einen strikten Plan, eine gewisse Wortanzahl pro Tag niederzuschreiben.

Jeder Selbständige muss sich seine Arbeit präzise einteilen und dafür sorgen, dass Geld in die Kasse kommt. Egal ob Restaurantbetreiber, Handwerker oder Kreativer. Natürlich wirkt es so, als könnten Selbständige frei über ihren Urlaub und ihre Freizeit bestimmen und in gewisser Weise stimmt das auch. Doch wer als Selbständiger nicht arbeitet, verdient auch nichts. Wer hier also faul ist und mit wenig Selbstdisziplin ans Werk geht, der wird bald dem Untergang geweiht sein.

Egal welcher Arbeit Sie nachgehen, immer kommen Sie mit Selbstdisziplin weiter als andere. Verlockend klingt natürlich Arbeit in einem Homeoffice. Hier können Sie zu Hause arbeiten, frei von Kleidervorschrift, Pausen und nervenden Chefs, welche den ganzen Tag ein wachendes Auge übers Büro haben. Damit die Büroarbeit zu Hause jedoch genauso erfolgreich funktioniert dürfen Sie auch hier nicht mittags noch im Pyjama durchs Haus laufen, nachmittags zum ersten Mal den Computer einschalten und nach drei Stunden Arbeit bereits wieder erschöpft aufgeben.

Fokussieren Sie Ihr Ziel und überlegen Sie, ob es auch das richtige Ziel ist, welches Sie aus den richtigen, persönlichen Motivationen gewählt haben. Nun müssen Sie sich offen und ehrlich eingestehen, wieviel Sie bereit sind, dafür zu geben. Wenn Sie an die Spitze möchten, dann müssen Sie auch alles geben. Es ist jedoch auch absolut legitim, wenn Sie sich mit weniger zufriedengeben. Nicht jeder will an die Spitze und bevorzugt es, mehr Freizeit zu haben.

Ob Sie nun ein florierendes Amazon-Shop betreiben und zu den Top-Sellern zählen möchten bedeutet einen anderen Arbeitsaufwand als für einen Shop, der sich mit einigen Verkäufen pro Woche ebenfalls gut hält. Sie entscheiden ja auch als private Friseurin oder Masseurin selbst, wieviele Kunden pro Tag Sie betreuen möchten. Genau wie im Büro müssen Sie auch für die Arbeit zu Hause konsequent Regeln aufstellen. Natürlich ist es hier flexibler und die Arbeitszeiten können fließend sein. Doch wenn Sie sich anfangs besser fühlen, sollten Sie sich auch hier an den 9 to 5 Job anlehnen. Trennen Sie Ihr Privatleben vom Beruf und nehmen Sie die Arbeit zu Hause ernst. Denken Sie auch selbst an Weiterbildung und kämpfen Sie sich die Erfolgsleiter hoch.

In kleinen Schritten zum Erfolg

Ist erst das Ziel fokussiert und Sie haben sich das Endergebnis bildlich vorgestellt und verinnerlicht, dann kann es mit viel Elan, Fleiß und Selbstdisziplin an die Durchführung gehen. Nun ist es jedoch wichtig, dass Sie kontrolliert, konzentriert und effizient arbeiten. Eile muss jetzt nicht mehr sein, denn es ist besser, das Ziel sicher, dafür in Babyschritten zu erreichen.

Lassen Sie sich jetzt nicht vom Tatendrang überwältigen. Dadurch geschieht es nur zu schnell, und Sie stolpern über Ihre eigene Füße. Teilen Sie sich den Weg in kleine Etappen ein und feiern Sie jeden Tag Etappenziele. Die meisten Dinge lassen sich ohnehin nicht von heute auf morgen erledigen.

Oft st es so, dass Sie in der ersten Minute von einer Idee so hellauf begeistert sind, dass Sie alles auf einmal wollen. Egal ob es jetzt der neue Sprachkurs ist, die Yoga Klasse oder das Fitness Studio. Wenn Sie es in der ersten Woche jedoch heillos übertreiben, dann verlieren Sie sofort die Lust dran.

Es reicht, wenn Sie einmal pro Woche den Sprachkurs besuchen. Die restlichen Tage sollten Sie natürlich nicht ungenutzt verstreichen lassen, doch ist es übertrieben, jeden Tag zusätzlich mehrere Stunden zu büffeln. Nicht, weil Fleiß sinnlos wäre, es jedoch zu hundert Prozent bewiesen ist, dass Sie das Tempo und den Zeitaufwand niemals durchhalten können. Wenn Sie jedoch jeden Tag dafür maximal 10 Minuten einplanen, dann entspricht dies der Realität. 10 Minuten Vokabel- und Grammatik-Training täglich bringt enorme Fortschritte und Sie verlieren auch nach einem Jahr nicht die Lust daran.

Genauso hält niemand täglich jahraus jahrein stundenlanges Yogatraining durch, doch 10 Minuten pro Tag dehnen, stretchen und posen entspricht absolut der Realität. Und genau der Realität müssen Ihre Ziele, Wünsche und Träume entsprechen. Nur dann können Sie diese auch mit Disziplin verfolgen. Alles, das Sie überfordert wird über kurz oder lang schief gehen.

Wenn Sie an einem Buch arbeiten, überfordern Sie sich nicht. Recherchieren, Gedanken aufschreiben und im Endeffekt täglich maximal 1000 Wörter zu schreiben bringt Sie in kleinen Schritten aber sicher ins Ziel. Am Ende haben Sie nach einem halben Jahr ein Buch mit 400 Seiten in den Händen.

Auch eine Diät bringt nicht innerhalb einer Woche einen Gewichtsverlust von 20 Kilogramm. Jeden Tag arbeiten Sie an Ihrem Ziel und jeder Tag bringt Sie Ihrem Wunschgewicht in kleinen Schritten näher. In diesen Babyschritten gelangen Sie mit Disziplin garantiert ans Ziel. Und es ist einfacher jeden Tag kleine Mengen an absoluter Selbstdisziplin zu investieren, als jeden Tag für 24 Stunden verbissen dahinter zu stehen.

Keine Zeit für Babyschritte?

Der altbewährte Spruch "Dafür habe ich keine Zeit" darf ruhig aus Ihrem Wortschatz gestrichen werden. Und zwar aus dem Grund - es handelt sich hierbei simpel um eine Ausrede. Genau aus diesem Grund wird der Weg ans Ziel in Babyschritte unterteilt, damit Ausreden keine Chance mehr haben. Genau hier lässt sich der Unterschied zwischen erfolgreichen und erfolglosen Menschen erkennen. Während erfolglose Menschen nie um eine Ausrede verlegen sind, greifen erfolgreiche Mensch ohne wenn und aber an.

Ausreden sind nicht nur Entschuldigungen für Faule, Ausreden sind auch Bremsklötze, die Sie auf dem Weg zum Erfolg behindern. Natürlich ist man nicht jeden Tag höchst motiviert und ab und an hat man einfach keine Lust. Doch genauso wenig Lust sollten Sie haben, in zehn Jahren immer noch erfolglos an der selben Stelle zu sitzen.

Es gibt viele Gründe für Ausreden und meist werden diese Ausreden hervorgekramt, um das eigene Scheitern irgendwie zu beschönigen. Sie suchen Ausreden aus Bequemlichkeit, um so wenig Stress als möglich zu haben und um sich selbst zu entlasten. Sobald Sie eine Ausrede gefunden haben müssen Sie kein schlechtes Gewissen mehr haben, dass Sie die Aufgabe nicht bewältigen. Sie können sich entspannt zurücklehnen und den Tag genießen. Doch passieren wird nichts, jedenfalls nichts, das Sie in Ihrem Leben voranbringt.

Um mit den ewigen Ausreden aufzuräumen müssen Sie beginnen, ehrlich mit sich selbst zu sein. Hier ist schonungslose Ehrlichkeit gefragt. Keine Zeit, Kopfschmerzen, körperliche Schwäche, mangelnde

Ausbildung, es einfach nicht können, Angst und noch vieles mehr sind die beliebtesten Ausreden.

Wenn Sie heute Ihren Babyschritt auf dem Weg zum Erfolg nicht absolviert haben, welche Ausrede haben Sie verwendet? Kopfschmerzen, und dennoch sind Sie schon stundenlang am Computer und spielen ein Onlinegame oder vor dem Fernseher? Raffen Sie sich auf, es geht nur um 10 Minuten, die Sie mit Ihrem täglichen Schritt füllen sollten.

Warum haben Sie das Angebot des Chefs abgelehnt, das nächste Meetup zu organisieren. Doch nicht wirklich, weil Sie sich zu dumm dafür halten die Zahlen zu koordinieren, Hotels und Meetingräume zu organisieren und für einen Transfer für die Gäste aus Übersee zu sorgen. Seien Sie nun ehrlich zu sich selbst. Was denk Ihr Chef wohl nun über Sie? Wird er Sie zum Mitarbeiter des Monats küren, oder doch überlegen, Sie bei der nächsten Gelegenheit durch eine kompetente Arbeitskraft zu ersetzen?

Hinterfragen Sie selbst Ihre eigenen Ausreden. Was steckt dahinter? Haben Sie wirklich keine Zeit, oder einfach keine Lust. Ist Ihnen die Angelegenheit doch nicht so wichtig oder sind Sie einfach schlecht organisiert? Wenn Ihre Standard-Ausrede ist, dass Sie dieses und jenes nicht können, fragen Sie sich doch einmal, ob Sie es jemals versucht haben? Wenn nicht, versuchen Sie es, immer und immer wieder. Sie werden sehen, Sie können alles schaffen. Haben Sie keine Angst sich zu blamieren. Es ist viel peinlicher stets zu kneifen, als einige Male in der Öffentlichkeit zu scheitern.

Bringen Sie die Disziplin auf, einfach keine Ausreden mehr zu benutzen. Stattdessen motivieren Sie sich und halten Sie durch. Denken Sie auch an die Konsequenzen, die Ihre Ausreden haben können. Nicht nur, dass Sie den Job verlieren könnten, Ausreden können auch im Kleinen unangenehme Nebeneffekte haben.

Am einfachsten ist dies anhand eines Hundebesitzers erklärt. Der Hund muss raus, Hundehalter jedoch ist faul und hat zur Ausrede, dass er gerade viel zu beschäftigt ist oder Kopfschmerzen hat. Der Hund jedoch ist ein Lebewesen und muss sein Geschäft verrichten. Also passiert dies nun im haus, was soll der Vierbeiner nach stundenlanger Pein auch machen. Der Hundebesitzer hat nun die undankbare Aufgabe, die Misere zu beseitigen. Dies ist ärgerlich, unangenehm und bei weitem stressiger als es der kleine Spaziergang mit seinem Hund gewesen wäre.

Gelassenheit und Selbstdisziplin - geht das?

Diese Kombination ist sogar äußerst wichtig, denn Selbstdisziplin sollte Sie nicht stressen. Wenn Sie zusätzlich mit Gelassenheit arbeiten, dann wird jedes Ihrer Vorhaben effizient, gewissenhaft und ruhig durchgeführt. Je hektischer Sie bei der Sache sind, desto größer auch die Chance, dass Sie nicht durchhalten. Doch woher nehmen Sie die Gelassenheit?

Gelassenheit bedeutet innere Ruhe. Sobald Se glücklich sind, auf Ihrem Weg Zufriedenheit ausstrahlen und in einer harmonischen Balance arbeiten, haben Sie den Punkt erreicht, an dem Sie Gelassenheit und Selbstdisziplin vereinen. Auch hier gibt es einige wichtige Punkte, die Sie beachten müssen, die sich jedoch mit den wichtigen Punkten für Selbstdisziplin gut decken.

Legen Sie Ihre Prioritäten fest. Dabei reihen Sie die wichtigsten Dinge nach oben und erledigen jene zuerst, die Ihnen persönlich am Wichtigsten sind. Damit arbeiten Sie an Dingen, die für Ihr Leben persönlich wichtig sind, dadurch lässt es sich auch viel disziplinierter arbeiten.

Zusätzlich ist es wichtig, dass Sie auch körperlich entspannt sind. Gerade wenn Sie hart arbeiten, und verbissen ein Projekt erledigen, kommt die körperliche Entspannung zu kurz. Erste Abhilfe schafft, wenn Sie zwischendurch immer wieder Ihre Schultern lockern, aufstehen, sich durchstrecken oder dehnen. Emotionelle Anspannungen haben häufig eng mit körperlichen Verspannungen zu tun. Sie kennen das sicher, wenn Sie sich stark konzentrieren, dann wird auch der Gesichtsausdruck verbissen.

Versuchen Sie Ihre Mimik zu kontrollieren. Sobald Sie bemerken, Sie sitzen jetzt stundenlang am Computer, die Falten brennen sich tief in die Stirn ein, machen Sie kurze Gesichts-Gymnastik. Lassen Sie zwischendurch die Schultern kreisen, schütteln Sie die Handgelenke und bewegen Sie die Zehen. Alleine diese kleinen Übungen lockern enorm auf und geben Ihnen den kleinen Kick zwischendurch.

Zu Hause wäre es hervorragend, wenn Sie für einige Minuten meditieren könnten. Es reicht auch, wenn Sie nur fünf Minuten auf der Couch liegen können. Dabei darf kein Telefon, kein TV und kein Radio stören und Sie versuchen einfach an nichts zu denken. Auch durch diese kleine Übung tanken Sie in nur kurzer Zeit ungemein schnell auf.

Der nächste Schritt zu mehr Gelassenheit ist, sich vom Perfektionismus zu verabschieden. Natürlich muss alles ordnungsgemäß erledigt werden und gerade disziplinierte Menschen neigen dazu überperfektionistisch zu sein. Wenn eine Arbeit erledigt ist müssen Sie diese jedoch nicht mehrmals kontrollieren und verzweifelt nach einem Weg suchen, diese weiter zu optimieren. Erledigt ist erledigt und da Sie ohnehin gewissenhaft arbeiten, sollten Sie dies auch dabei belassen.

Lassen Sie sich nicht ärgern. Häufig kommt es zu Ärger im Büro, wenn einige Mitarbeiter mehr arbeiten als andere. Sie jedoch haben sich für Ihren Weg entschieden, und andere Mitarbeiter verfolgen eine andere Strategie. Dies sollten Sie auch genau so akzeptieren. Verschwenden Sie keine Zeit und keine Energie dafür, sich stundenlang über die faule Kollegin zu beklagen. Lassen Sie sich auch auf keine Diskussionen ein. Konzentrieren Sie sich auf Ihre Arbeit, auf Ihre Ziele und schenken Sie alleine sich selbst die Aufmerksamkeit. Versuchen Sie auch, nicht darüber nachzudenken und nehmen Sie den Ärger auch nicht mit nach Hause.

Ärger bedeutet Stress und Stress raubt Ihnen die Energie. Dennoch wird es sich nicht vermeiden lassen, dass Sie sich in manchen Situationen gestresst fühlen. Nun ist es wichtig, dass Sie die Auslöser dafür eruieren und danach eliminieren. Fragen Sie sich wann Sie sich gestresst fühlen. Überlegen Sie, wie Sie in diesen Stress-Situationen reagieren. Häufig ist es so, dass Sie sich selbst unter Stress setzen und kein äußerer Einfluss bemerkbar ist.

Für mehr Gelassenheit sollten Sie auch den Arbeitstag zu Hause aufschlüsseln. Überlegen Sie, welche Aufgaben Sie erledigt haben und welche Projekte Sie begonnen oder abgeschlossen haben. Nun bewerten Sie diese neutral und finden heraus, welche Bereiche gut oder etwas schlechter gelaufen sind.

Nun versetzen Sie sich in die Momente zurück und erinnern sich an die jeweilige Reaktion. Haben Sie gelassen reagiert, auch wenn etwas daneben gegangen ist. In welchen Situationen hätten Sie besser anders reagiert? Haben Sie den Kollegen angebrüllt, hatten Sie einen Zornausbruch, mussten Sie vor Ärger schwitzen? Wie hätte sich dies vermeiden lassen? Spielen Sie dies ruhig in Szenen in Ihrem Kopf durch.

Dadurch verarbeiten Sie den Arbeitstag auf eine kompakte und gute Weise. Danach aber sollten Sie mit dem Arbeitstag abschließen und sich nur mehr auf Ihre Freizeit konzentrieren. Denn auch Erholung ist wichtig, dass Sie gelassen bleiben und die Lust an der Arbeit nicht verlieren. Lust an der Arbeit ist das A und O für diszipliniertes Arbeiten.

Vergleichen Sie sich niemals mit anderen. Egal ob im Berufsleben oder im Alltag. Es ist nicht relevant ob der Kollege drei Ordner mehr als Sie bearbeitet hat, ob der Nachbar ein größeres Haus hat und mehr verdient oder die

Haare der Freundin glänzender sind. Machen Sie sich frei von diesen Vergleichen.

Es bringen keinerlei Vergleiche etwas. Die sogenannten Vergleiche nach unten können hingegen richtig gefährlich sein und Sie auf dem Weg zu mehr Selbstdisziplin sogar um Meilen zurück werfen. Wenn Sie sich mit halben Ergebnissen zufrieden geben, nur weil andere noch weniger leisten konnten, dann schrauben Sie die Ansprüche deutlich unter Ihr Niveau zurück.

Der letzte Punkt für mehr Gelassenheit ist die Formulierung Ihrer Aufträge und Ziele. Auch das kennen Sie bereits und wissen, dass negative Formulierungen Tabu sind. Anstatt müssen setzen Sie wollen oder dürfen. Anhand eines Beispiels sieht das folgendermaßen aus:

"Ich muss den Auftrag heute noch erledigen" wird ganz einfach zu "Ich will den Auftrag heute noch erledigen". Anstatt sich zu ärgern, dass Sie um 8 Uhr arbeiten müssen, freuen Sie sich, dass Sie um 8 Uhr arbeiten dürfen. Das bedeutet, Sie haben einen Arbeitsplatz. Sie müssen nicht die Wohnung putzen, sondern haben das Glück, eigene vier Wände zu besitzen, die Sie in Ordnung halten dürfen. Sie müssen nicht ins Fitness Center, sondern sind in der glücklichen Lage, dass Sie sich den Mitgliedsbeitrag leisten können und etwas Gutes für Ihren Körper tun dürfen. Sehen Sie die Fortbildung nicht als lästige Pflicht, sondern seien Sie stolz darauf, dass Ihr Boss so viel in Ihnen sieht. Sehen Sie sich selbst in keiner Situation und niemals als Pechvogel, sondern immer nur als Glückspilz. Entschärfen Sie Worte wie Probleme oder Schwierigkeiten. Anstatt ein Problem oder ein Hindernis zu besprechen, sollten Sie hier die Mitarbeiter aufrufen, die Angelegenheit aus einer anderen Perspektive zu betrachten und alternative Lösungen zu finden.

Mit diesen wenigen Schritten erreichen Sie es mühelos, Ihre Selbstdisziplin mit innerlicher Gelassenheit zu verbinden. Durch Gelassenheit nehmen Sie den enormen Druck aus allem was Sie tun. Mit Ruhe und Gelassenheit können Sie sich auch intensiv auf die Kontrolle Ihrer Ziele konzentrieren.

Haben wir heutzutage weniger Selbstdisziplin als früher und warum?

"Früher war alles besser", das kann man häufig von der älteren Generation hören. Doch haben Sie bei einer Aussage wie dieser schon einmal genauer hinterfragt, was denn genau so viel besser war, und vor allem warum? Wahrscheinlich nicht, denn in den Augen der meisten Menschen sind diese Anhänger der guten alten Zeit Spinner, die nicht loslassen können. Oder Sie gehören zu jener Gruppe die sagt: " Ja früher war alles einfacher und besser, daher ist es nicht unsere Schuld, dass heute so viel schief läuft. Wir sind einfach in der falschen Zeit geboren und können dies nicht ändern."

Denn, ist es nicht so, dass eigentlich heute alles viel einfacher ist? Die wenigsten müssen ums nackte Überleben kämpfen und auch das tägliche Brot ist eine Selbstverständlichkeit. Es ist sogar so, dass wir im Überfluss leben. Maschinen vereinfachen sämtliche Arbeiten, für die vor Jahren noch viel Schweiß geflossen ist. Doch vielleicht ist genau hier der Hund begraben und die Ursache ist dafür genau darin zu finden, warum es mit der Selbstdisziplin nicht mehr allzu gut bestellt ist.

Beginnen wir mit der Arbeit. Früher war es so, dass man seine Ausbildung, die sogenannten Lehrjahre begann und dann meist bis zum Umfallen diesem Betrieb treu blieb. Eine Kündigung kam vor einigen Jahrzehnten noch einem Weltuntergang gleich und jedem, der seinen Arbeitsplatz verlor stand die Scham ins Gesicht geschrieben. Heute, obwohl der Arbeitsmarkt ebenfalls nicht rosig aussieht, zuckt man die Schultern, freut sich über ein paar zusätzliche freie Tage, geht aufs Arbeitsamt und wartet, was passiert.

Auch wenn früher ein neuer Arbeitsplatz zu finden war, so war es doch von der Gesellschaft her geprägt, dass es ein Manko ist, gekündigt zu werden. Heute entlockt es der Gesellschaft höchstens ein "Jo mei!". Alleine durch den Druck des sozialen Umfeld war man früher eher gezwungen, die Arbeit gewissenhaft, fleißig und zielstrebig zu erledigen. Auch dem Großvater hat es keinen Spaß gemacht tagein und tagaus im Kohlebergwerk zu schuften. Doch er hielt durch, freute sich auf die kleine Feier und Ehrung zu seinem 30. Betriebsjubiläum und war froh, wenn er nach seiner Pensionierung noch einige ruhige Jahre erleben durfte.

Durch die gesellschaftlichen Veränderungen haben wir es verlernt, stolz darauf zu sein, durchzuhalten. Die goldene Anstecknadel für langjährige Betriebszugehörigkeit lockt niemanden mehr hinter dem Ofen hervor. Wenn ein Job unerträglich oder einfach auch langweilig ist, dann wird eine neue Tätigkeit gesucht. Dies ist einerseits so, weil wir heute viel mehr Selbstbewusstsein haben, und auch vom Umfeld nicht verachtet werden. Dies hat jedoch auch viel mit der Oberflächlichkeit zu tun, die heutzutage herrscht. Es ist auch nicht schlecht, dass wir keine Angst vor Veränderung haben, doch leider machen wir es uns in vielen Situationen einfach eine Spur zu einfach.

Machte sich der Nachbar vor 30 Jahren noch Sorgen, wenn ein anderer aus dem Dorf seinen Job verlor, so weiß der heutige Nachbar meist nicht, in welcher Firma die Frau von Wohnung 101 arbeitet. Mit diesem Gefühl im Hinterkopf lässt es sich natürlich ganz ungeniert Job wechseln. Das hat einerseits sehr viel Positives, andererseits aber nehmen wir uns selbst die Chance für das starke Gefühl von Zusammengehörigkeit, das früher an der Tagesordnung stand.

Dies soll nun kein ermahnender Finger dafür sein, dass auf Biegen und Brechen verbissen an der Arbeitsstelle gehangen werden muss. Vielmehr sollte es zum Denken animieren. Haben Sie dies einfach im Kopf, wenn Sie schon wieder den ganzen Tag nur am Kopierer standen und Zettel abheften durften. Denken Sie daran, wenn Sie tagein tagaus Geschirr spülen und Kartoffel schälen, obwohl Sie eigentlich als Koch arbeiten möchten. Schmeißen Sie nicht alles sofort hin, halten Sie nur noch ein bisschen durch. Denken Sie an das große Ziel am Ende. Kein Koch hat am Chefplatz begonnen und kein Steuerberater wurde vom ersten Tag an zu Terminen mit Multi-Milliardären eingeladen. Etwas mehr Selbstdisziplin kann uns ans Ziel bringen. Denn bedenken Sie: Wenn Sie immer wieder den Job wechseln, dann fangen Sie immer und überall wieder ganz unten an. Nur wer durchhält und diszipliniert durchbeißt, der kann die Sprossen der Hühnerleiter erklimmen. Und wie bei einer Hühnerleiter ist es auch im Job so, die untersten Sprossen sind stets die schmutzigsten.

Auch bei den Ehen von früher verlief es in ähnlichem Muster. Natürlich hatte man auch vor 40 Jahren ab und an Probleme und es war nicht immer alles eitler Sonnenschein. Doch anstatt gleich bei den ersten hohen Wellen vor den Scheidungsrichter zu treten, wurde gekämpft. Und natürlich gehörte auch eine ordentliche Portion Selbstdisziplin dazu.

Früher brachte man die Selbstdisziplin auf und konnte sich auch einmal zurücknehmen. Es wurde kein Staatsakt daraus gemacht, wenn der Partner sich nach der Arbeit einmal nicht unterhallten wollte. Dieses zum richtigen Moment schweigen zu können erfordert natürlich Selbstdisziplin. Heute wird dies häufig als Unterwürfigkeit belächelt. Doch gilt es zu überlegen, ob es nicht schöner ist, das gemeinsame Ziel zu verfolgen. Gemeinsam wurden mit Selbstdisziplin wilde Wasser durchschwommen.

Heute fragt man sich, ob man sich in einer Beziehung quälen muss. Natürlich nicht, jedoch kommen auch in den neuen Beziehungen immer wieder dieselben Themen und Probleme auf. Darum sollten wir uns heute auch öfter darauf besinnen, dass mit Selbstdisziplin viel zu meistern wäre. Wenn Sie also an einem Punkt angekommen sind, an dem sich die Frage stellt, aufgeben oder kämpfen, rufen Sie sich die gemeinsamen Ziele wieder ins Gedächtnis.

Natürlich waren es andere Zeiten, doch Tugenden, auch wenn das Wort selbst altbacken klingt, bleiben für die Ewigkeit gültig. Damals wie heute war und ist es nicht verkehrt mit Selbstdisziplin für die gemeinsame Liebe und das gemeinsame Leben zu kämpfen.

Ein weiterer Punkt ist unser heutiges Konsumverhalten. Auch dieses hat sich über die Generationen enorm verändert. Jetzt können Sie auch sofort den Kopf schütteln und sagen "Ja, früher musste man mehr sparen, da man nichts hatte" - doch muss man nur diszipliniert mit seinem Geld umgehen, wenn es knapp ist?

Heute ist es einfach, einen Kredit zu bekommen, das Konto zu überziehen, oder Kredite aufzustocken oder umzuschlichten. Wir leasen Autos und kaufen teure TV-Geräte auf Raten, shoppen online und bezahlen Monate später und zücken ohne einen Gedanken zu verschwenden unsere Kreditkarten. Diese Möglichkeiten, die es früher nicht gab, machen es natürlich verführerisch einfach, die Selbstdisziplin zu vergessen und kräftig das Geld zum Fenster hinauszuwerfen.

Wie kann man die einstige Selbstdisziplin von früher in die heutige Zeit transportieren? Hier steht wieder das große Ziel zu Beginn. Sei es der nächste Urlaub, das eigene Häuschen, die Eigentumswohnung, das Auto oder jede beliebige Anschaffung, egal ob groß oder klein. Finden Sie heraus, welche Ziele Sie aus welchem Grund verfolgen wollen und erstellen Sie einen Plan. Hier sollten Sie jedoch nicht den vermeintlich einfachen Weg verfolgen. Freilich ist es bequem auf die Bank zu gehen und einen Kreditvertrag zu unterschreiben oder die neue Küche mit Kreditkarte zu bezahlen. Selbstdisziplin bedeutet jedoch, einen Sparplan zu erstellen, das Geld für die Ausgaben zu sparen und diese im Anschluss ohne Schulden zu machen zu erstehen.

Diese Selbstdisziplin in unserem Konsumverhalten schärft nicht nur den Blick für das wirklich Wichtige im Leben, sondern bewahrt auch vor so mancher Schuldenfalle. Wer diszipliniert sein Vermögen verwaltet, der hat erstens einen näheren Bezug zum Geld und verliert auch nicht den Überblick.

Ebenfalls wichtig wäre es, wieder mehr Selbstdisziplin beim täglichen Einkauf walten zu lassen. Wir kaufen und kaufen Lebensmittel, nur weil diese im Angebot sind, weil diese gerade so lecker aussehen, weil es uns die Werbung vorgaukelt, oder einfach because we can. Der Kühlschrank ist zum bersten voll und täglich landen unzählige Mengen an Lebensmittel im Mülleimer.

Wer hier mit Selbstdisziplin einkaufen geht kann nicht nur eine Menge Geld sparen, sondern hinterlässt auch einen positiven ökologischen Fußabdruck. Doch wie soll das funktionieren? Schreiben Sie sich einen Wochenplan. Erstellen Sie ruhig einen Menüplan für ein Monat und kaufen Sie konsequent nach Plan ein. Kaufen Sie dabei auch vernünftig ein und überlegen Sie stets, wie lange das Gemüse haltbar sein wird. Lassen Sie sich nicht dazu hinreißen, vier Köpfe Salat zu kaufen, nur weil diese im Großpack um 4 Cent billiger sind. Kaufen Sie nur Lebensmittel, die Sie auch tatsächlich aufbrauchen können. Es kostet viel Selbstdisziplin, sich nicht von knalligen Promotions-Tafeln und Werbeslogans verführen zu lassen. Halten Sie sich hier ebenfalls immer das Ziel vor Augen. Sie möchten Geld sparen und weniger Lebensmittel verschwenden. Spätestens, wenn nach einigen Monaten eine beachtliche Summe mehr am Konto verbleibt, werden Sie über Ihre Selbstdisziplin begeistert sein.

Unserer Umwelt zuliebe gibt es noch einige Punkte mehr, die Sie mit Selbstdisziplin verfolgen können. Es beginnt mit der Mülltrennung. Es ist unheimlich bequem und praktisch, den gesamten Müll in der Tonne verschwinden zu lassen. Dass dies für unsere Umwelt nicht unbedingt das beste ist, das ist bekannt, doch meist siegt Faulheit über Selbstdisziplin.

Es kostet nicht nur Überwindung, Glas, Papier, Karton, Plastik, Biomüll und Restmüll zu trennen, sondern auch, diesen anschließend ordnungsgemäß zu entsorgen. Wenn Sie es sich zum Ziel gemacht haben, weniger Plastik zu verwenden, ist ebenfalls etwas Selbstdisziplin ganz hilfreich. Haben Sie das Ziel vor Augen, hinterfragen Sie auch das warum. Gründe für weniger Plastik kann natürlich unser Planet sein, oder dass Sie weniger Plastik entsorgen möchten. Das Wie ist dann eigentlich ganz einfach, muss nur mit Selbstdisziplin verfolgt werden.

Bringen Sie zum Einkaufen Ihre eigene Einkaufstasche mit. Wenn Sie Kaffee in Take-aways trinken, können Sie diesen ebenfalls in eigene Kaffeebecher abfüllen lassen. Sie müssen nicht jeden Tag einen Plastikbecher mit Plastikdeckel verwenden. Kaufen Sie keine Ware, die abgepackt ist, sondern bitten Sie den Metzger und die Feinkost, die Ware in Ihre mitgebrachten Behälter zu packen. Verzichten Sie im Supermarkt auf das berühmte Obstsackerl. Bananen, Orangen oder Kiwis müssen nicht doppelt und dreifach in Plastik gewickelt werden. Dies klingt alles sehr einfach und auch sehr löblich. Die Umsetzung kostet aber ebenfalls ordentlich Selbstdisziplin.

Selbstdisziplin kann in vielen dieser Fälle auch mit Vernunft, Hausverstand oder Verantwortungsgefühl gleich gesetzt werden. Und es ist tatsächlich so, dass diese Eigenschaften Hand in Hand gehen. Vielleicht haben Sie durch diese kleinen Beispiele auch bereits erkannt, warum Selbstdisziplin in der heutigen Zeit immer weniger wird. Ganz klar liegt es an der Gesellschaft. Wir sind fauler und oberflächlicher geworden und auch wenn offensichtlich immer mehr Leistung gefordert wird und überall mehr Druck herrscht, bei vielen Dingen wird mit Gleichgültigkeit gehandelt.

Wir sind selbstbewusster geworden und genieren und nicht mehr so sehr, wenn wir etwas machen, dass der allgemeinen Mehrheit nicht so gut gefällt. Dies ist an und für sich wunderbar, nur sollte man hier eindeutig unterscheiden. Diese Gleichgültigkeit ist in vielen Fällen auch Schuld, dass uns der Ansporn fehlt. Gleichgültigkeit kann auch sehr verletzend sein, denken Sie immer daran.

Hat man eine abgeschlossene Berufsausbildung oder nicht? Sind die Noten im Gymnasium gut oder nur unterdurchschnittlich? Trägt man täglich blank geputzte Schuhe? Es ist uns alles egal geworden. Die Gleichgültigkeit ist der große Killer der Selbstdisziplin. Lieder wie "Ist mir egal", welche die Hitparaden stürmen und sich in den Gehirnen unserer Teenager einbrennen sind dabei keine große Hilfe.

Es reicht somit nicht nur, selbst mehr Selbstdisziplin aufzubringen. Ebenso wichtig ist es, sich wieder mehr für andere zu interessieren. Ein offenes Ohr für den Neffen, der sich über den Job beklagt. Motivierende Worte und eventuell auch Ratschläge, wie er die harte Lehrzeit überstehen kann haben noch nie geschadet. Der Freundin zuhören, wenn Sie über Beziehungsprobleme sprechen möchte ist ebenso wichtig, wie der verantwortungsvolle Umgang mit unseren Ressourcen und unserem Haushaltsgeld.

Um die Selbstdisziplin wieder mehr zu steigern gilt es also, die Gleichgültigkeit zu durchbrechen. Auch wenn wir heute nicht mehr um jeden Cent kämpfen müssen, wenn wir viel mehr Möglichkeiten für schulische Bildung und Fortbildung haben, oder genau aus diesem Grund müssen die Pobacken zusammengepresst werden. Etwas mehr Schweiß und Fleiß und etwas weniger Couchsurfing sind bereits ein Anfang.

Selbstdisziplin bringt auch einige zusätzliche Pluspunkte. Nicht nur, dass vieles schneller erreicht werden kann, am Ende des Tages können Sie auch unheimlich stolz auf sich sein. Stolz, den Verführungen zu widerstehen, stolz, weniger Geld verschwendet zu haben und stolz darauf, anderen als gutes Beispiel zu dienen. Wenn Sie aus tiefstem Herzen auf sich stolz sein können, das sollte doch die größte Motivation dafür sein, auch in Zukunft wieder mehr Selbstdisziplin in den Alltag zu integrieren.

Wie kann der Verlust von Selbstdisziplin verhindert werden?

Es gibt jetzt sicher keine Wunderwaffe, mit der man verhindern kann, dass Selbstdisziplin total verloren geht, doch gibt es einige Dinge in unserem Leben, die maßgeblich beitragen uns abzulenken. Diese Ablenkung sorgt auch immer häufiger dafür, dass wir unsere Selbstdisziplin vergessen oder aufgeben.

Eine große Gefahr für Selbstdisziplin ist die Digitalisierung. Es ist so, dass bereits in Kinderzimmern iPad und Handy Einzug gehalten haben. Ein dreijähriges Kleinkind darf heute schon am Tablet der Eltern spielen oder Filme gucken. Gegen Technik an sich ist auch nichts einzuwenden. Doch auch hier macht das Gift die Droge. Es sollte jedoch jede Mutter und jeder Vater überlegen, ob Handy und Co für Kleinkinder wirklich pädagogisch wertvoll sind.

Doch was haben die modernen Medien mit Selbstdisziplin zu tun? Wenn Kinder schon daran gewöhnt werden, ständig am Bildschirm zu hängen, dann wird es schwierig, dies wieder abzulegen. Bereits mehr als die Hälfte aller 12-jährigen sind quasi abhängig von Facebook und Co. Heute zählen keine Strafen mehr wie Hausarrest oder Fernsehverbot. Doch jeder Teenager verzweifelt, wenn das Internet abgeschaltet wird und der Zugang zu den sozialen Netzwerken gekappt wird.

Wenn Sie für einen Test lernen sollten, oder sich auf einen Vortrag vorbereiten müssen und ständig liegt das Telefon in Greifweite und piepst auch ohne Unterlass, so wird es schwierig werden, die Konzentration nicht zu verlieren. Ein großer Schritt zu mehr Selbstdisziplin ist, den Umgang mit Medien von vorne herein zu dosieren. Dafür benötigen Sie natürlich wieder viel Willenskraft und Selbstdisziplin, um dies auch durchzuhalten.

Beginnen Sie in kleinen Schritten. Wie wäre es zum nächsten Abendessen mit Freunden einfach ohne Telefon aufzubrechen. Oder Sie behalten es, auf lautlos gestellt, in der Tasche. Wahrscheinlich wird es Sie einige Überwindung kosten, nicht bei jedem Gang das Telefon zu zücken und Fotos für Instagram und Facebook zu schießen. Sie werden aber schnell bemerken, es ist nicht so tragisch, wenn die virtuelle Welt nicht über jede Sekunde Ihres Lebens bescheid weiß. Zudem erhalten Treffen mit Freunden und auch das Essen viel mehr Qualität. Es bleibt bedeutend mehr Zeit für Unterhaltungen und auch das Essen können Sie endlich wieder einmal genießen, bevor es kalt wird.

Halten Sie im nächsten Schritt auch zu Hause Handy freie Zonen oder Zeitspannen ein. Nach der Arbeit sollten Sie Zeit für Gespräche mit der Familie einplanen, oder sich etwas Ruhe zum Relaxen gönnen. Versuchen Sie auch nachts, das Handy aus dem Schlafzimmer zu verbannen. Sie werden bemerken, dass Sie plötzlich viel besser schlafen, und auch für die Gesundheit ist es ohne Handy im Schlafzimmer besser.

Ebenfalls eine extreme Ablenkung sind Videospiele. Was harmlos mit einer Konsole zu Weihnachten für die Kinder beginnt, kann sich zu einem enormen Problem entwickeln. Studien haben ergeben, dass Videospiele und Online-Games sogar ein enormes Suchtpotential bergen. Sobald etwas süchtig macht, lenkt es von anderen Tätigkeiten ab. Wer sich stundenlang in einer virtuellen Welt aufhält, der kann natürlich keine Zeit für Ziele aufbringen. Dies in den Griff zu bekommen ist auch deutlich schwieriger, als nur das Telefon für einige Stunden unberührt zu lassen.

Die Wurzel des Übels könnte man somit nur packen, wenn wir wieder einen besseren Umgang mit sämtlichen Unterhaltungsmedien pflegen. Dies beginnt in der Kindheit und sollte von verantwortungsbewussten Eltern reguliert werden. Freilich ist es bequemer, dem Kind während der Autofahrt das Tablet in die Hand zu drücken. Doch die Aufgabe der Eltern wäre es eigentlich, das Kind zu lehren, zu unterhalten und nicht einfach ruhig zu stellen. Das erfordert jedoch wiederum Selbstdisziplin und viele der jungen Eltern der heutigen Generation kennen es auch nicht anders. Genau jetzt und hier beginnt der Teufelskreis.

Den Eltern soll jetzt aber auch keine böse Absicht unterstellt werden. Es ist durchaus toll, Kinder schon früh mit modernen Medien und Technik in Berührung kommen zu lassen. Jedoch in niedrigen Dosen. Ein Kind, das jetzt eine einstündige Autofahrt nur mit Hilfe eines Tablets oder Telefons übersteht, wird es später in der Schule oder der Berufswelt schwer haben. Die Digitalisierung der Kinderzimmer ist mit ein Grund, warum sich in Schulen Konzentrationsstörungen häufen und kaum ein Kind mehr Selbstdisziplin aufbringen kann, um Hausaufgaben oder Lernstoff selbständig zu bearbeiten.

Egal aus welcher Generation Sie entstammen und in welchem Alter Sie gerade sind, versuchen Sie, die Probleme mit den Medien mit unparteiischen Augen zu sehen. Wo verwenden wir zu viel des Guten? Vielleicht ist es bei Ihnen auch nur der TV, der den ganzen Tag läuft. Vielleicht sind Sie aber süchtig nach Instagram oder Facebook und können keinen einzigen Schritt tun, ohne diesen auf Twitter zu dokumentieren. In allen Fällen sollten Sie nun beginnen, diese "Süchte" Step by Step um eine Stunde pro Tag zu reduzieren. Sie wissen schon: Ziel - warum will ich das - Umsetzung.

Macht Selbstdisziplin glücklich?

Generell werden sehr disziplinierte Menschen häufig als hart und wenig humorvoll bezeichnet. Doch das trifft meist nur auf eine Gruppe zu, die eher zur schädlichen oder auch toxischen Selbstdisziplin neigen. Dieses spezielle Kapitel möchten wir im Anschluss ausführlich betrachten. Hier geht es jedoch darum, dass Menschen durchaus Spaß haben können, auch wenn Sie eisern ihre Ziele verfolgen. Vielleicht sogar mehr Spaß als andere, die nur ohne Ziel in den Tag hinein leben.

Kürzlich wurde hierzu sogar eine Studie veröffentlicht, welche von einem amerikanischen und deutschen Team rund um den Wissenschaftler Wilhelm Hofmann von der Universität in Chicago durchgeführt wurde wurde. Dabei wurden in drei verschiedenen Studien jeweils 400 Teilnehmer untersucht und befragt. Dabei ging es in einer Studie um die eigene Einschätzung der Selbstkontrolle im Alltag und mit der Zufriedenheit damit. In einer weiteren Studie sollten die Teilnehmer über ihre täglichen Bedürfnisse sprechen, und wie stark sie den jeweiligen Bedürfnissen nachgeben. Auch in der dritten Studie wurde nach einem gemeinsamen Nenner von Selbstdisziplin, Selbstkontrolle und Zufriedenheit gesucht. Das Ergebnis war verblüffend. Denn je mehr sich der einzelne Teilnehmer unter Kontrolle hatte, um so zufriedener war er auch mit seinem Tagesablauf und seinem Leben. Ausschlaggebend für die Zufriedenheit der Probanden war stets, dass temporäre Wünsche zu Gunsten größerer Ziele zurückgestellt werden konnten. Eine Teilnehmerin freute sich, dass sie sich keine neue Tasche gekauft hatte und stattdessen den Betrag in der Urlaubskasse verwahrt hatte. Wieder andere waren stolz und glücklich, keine Schokolade oder Pizza gegessen zu haben, im Hinblick auf das große Ziel Wunschfigur.

Auch gaben viele Teilnehmer an, dass es sie glücklich machte, wenn sie Verführungen aus dem Weg gehen konnten. Auch Sie können sich den Weg zur Selbstdisziplin etwas ebnen indem Sie eben nicht die Einkaufsstraße entlang laufen, oder vor der Konditorei stehen bleiben, aus der verführerische Düfte strömen.

Probanden, die jedoch den kleinen Bedürfnissen immer nachgaben fühlten sich auf Dauer weniger glücklich, ja sogar unzufrieden und frustriert. Denn nur wegen der kleinen Freuden zwischendurch, rückt das große Ziel in immer entferntere Weiten. Was im ersten Moment toll scheint, ist rückblickend nur ein Hindernis und man ärgert sich, nicht diszipliniert gewesen zu sein. Und denken Sie zurück an die Marshmallow Studie, die besagt, dass disziplinierte Kinder später erfolgreicher und glücklicher im Leben werden. Dies sollte die Frage nach der Verbindung von Glück, Zufriedenheit und Selbstdisziplin am besten erklären.

Was ist toxische oder schädliche Selbstdisziplin?

Hier muss zuerst ganz offen darüber gesprochen werden, dass alles, was verbissen und einfach zu sehr gewollt wird, nicht gesund sein kann. So ist es auch mit der Selbstdisziplin. Wenn Sie ein Ziel verfolgen, dann sollten Sie niemals darüber hinaus schießen. Sie können alles im leben übertreiben und eben auch die Sache mit der Selbstdisziplin. Und genau dann beginnt es toxisch und ungesund zu werden. Am besten kann dies wieder mit einigen Beispielen aus dem täglichen Leben beschrieben werden. Denn nur so können Sie am besten erkennen, wo Grenzen gesetzt werden sollten.

Eine junge Frau leidet seit ihrer Teenager-Zeit an Übergewicht. In der Schule und auch in der Ausbildung wird sie gehänselt und wird dadurch sehr eigenbrötlerisch und depressiv. Immer wieder nimmt sie sich vor, mehr Sport zu treiben, doch jeder Versuch scheitert. Die vielen Diäten führen nur zum Jo-Jo-Effekt und die junge Frau wird immer unglücklicher. Eines Tages liest sie von einem Seminar über Selbstverwirklichung und Selbstdisziplin und beschließt, diesen Strohhalm zu ergreifen. Nach dem Seminar ist sie überglücklich und startet motiviert das Programm. Sie setzt sich Ziele, hinterfragt die Ziele und greift an. Sie beginnt mit Jogging und besucht das Fitness-Center. Zudem stellt sie ihre Ernährung komplett um und nimmt im Laufe der nächsten 6 Monate ordentlich ab. Ihr Körper wird definiert und sie hat im Großen und Ganzen endlich die Figur, die sie sich lange erträumt hat. Mit Selbstdisziplin hat sie den Weg verfolgt, auch wenn es nicht immer einfach war. Sie hat den

Versuchungen widerstanden und es sich selbst bewiesen. Nun wäre der Zeitpunkt gekommen, die Sache einzupendeln. Doch die junge Frau versucht immer noch weniger zu essen und noch härter zu trainieren. Ihre Selbstdisziplin hat sich in einen gefährlichen Wettbewerb mit ihrem eigenen Willen verwandelt. Anstatt der gesunden Ernährung versucht sie sich nun soweit zu kasteien und isst pro Tag einen Apfel und trainiert für mehrere Stunden. Sie fordert ihren Körper immer mehr und mehr. Ihre bislang schöne Figur verwandelt sich in eine Karikatur ihrer selbst, Doch das erkennt sie selbst nicht mehr. Sie hat es mit der Selbstdisziplin übertrieben und sich dadurch in eine gefährliche Sucht hineingesteigert.

Ein weiteres Beispiel ist der junge Mann, der immer schon sehr unordentlich war. Nun hat er seine erste eigene Wohnung bekommen und natürlich funktioniert es auch dort mit der Ordnung und Hygiene nicht sonderlich gut. In kurzer Zeit sieht die Küche aus wie ein Schlachtfeld. Schimmel wächst in den Kochtöpfen, die Spüle ist voll mit schmutzigem Geschirr, im Wohnzimmer stapeln sich Pizza-Kartons und Take-away Geschirr, Aschenbecher quellen über und der zuvor helle Teppich ist beinahe schwarz. Der junge Mann erkennt dies zwar, kann sich jedoch nicht aufraffen, gegen diese Situation vorzugehen. Seine Freunde kann er schon lange nicht mehr zu sich einladen, weil er sich so geniert und wird dadurch immer einsamer und trauriger. Ein guter Freund erkennt das Problem und bietet ihm mit einem Seminar zur Selbstdisziplin Hilfe an. Es scheint auch wirklich der Groschen zu fallen und Schritt für Schritt setzt er sich Ziele und rafft sich auf, das Problem in Angriff zu nehmen. Er erstellt einen Plan, räumt die Wohnung auf und hält diese mit einem Putzplan auch dauerhaft sauber. Hier wäre der Punkt erreicht, wo keine Steigerung mehr notwendig wäre. Doch auch hier hat sich das Messie-Dasein von zuvor ins gegenteil verwandelt. Die Selbstdisziplin hat sich zu einem immer größeren Wettbewerb gesteigert und bald darf niemand mehr und hygienische Überzieher aus Plastik an den Füßen die Wohnung betreten. Der Geruch von Desinfektionsmittel liegt in der Luft und der junge Man wischt und putzt den ganzen Tag. Auch wenn dieser Wandel keinen körperlichen Schaden mit sich bringen kann, so kann es doch zu einer enormen psychischen Belastung werden.

So kann sich das gesunde Kalorien zählen in ein obsessives Verfolgen sämtlicher Brennwerte steigern. Wenn Sie nicht mehr nur Ihre Tagesumsätze verfolgen, sondern allen Freunden jeden einzelnen Bissen in Kalorien umrechnen und Sie den ganzen Tag an nichts anderes mehr denken als Nährwerte und Stoffwechsel, dann sollten Sie die Handbremse ziehen.

Gerade im bereich Abnehmen und Selbstdisziplin verschwimmen die Grenzen allzu schnell und alles kehrt sich ins negative. Nicht nur Diäten bis hin zur Nulldiät, sondern auch die Einnahme von Medikamenten, Appetitzügler und Anabolika sind meist die Folgen von aus dem Ruder geratener Selbstdisziplin.

Manche Fälle von toxischer Selbstdisziplin sind eben für den Körper sprichwörtlich Gift, während andere Fälle zwar harmlos aber auch absolut nervend sein können. Nervend meist für die Umwelt, die mit diesem Gehabe oft nicht klar kommt. Gemeint sind hier zum Beispiel die Anwandlungen, wenn man vom starken Raucher zum intoleranten und militanten Nichtraucher wird. Wichtig ist, dass Sie, auch wenn Sie schlechte Eigenschaften durch viel Selbstdisziplin losgeworden sind, dennoch tolerant bleiben.

Nicht alle verfolgen die gleichen Ziele. Auch wenn Sie sich mit viel eisernem Willen das tägliche Glas Whisky verkneifen, akzeptieren Sie, dass es für andere vielleicht die Krönung des Tages ist, einen guten Schluck zu trinken.

Alles, was zuviel ist, kann schnell ungesund werden. Doch wie findet man heraus, wo die Grenze zu setzen ist?

Darum sind die Ziele, die Sie sich zu Beginn setzen so wichtig, ebenso wie die Fragen, warum Sie diese umsetzen möchten. Selbstdisziplin bedeutet nämlich auch, die gesetzten Ziele in genau dem Rahmen einzuhalten, den Sie sich gesetzt haben.

Wenn Sie sich als Ziel gesetzt haben, jeden Tag zwei Stunden zu lernen, dann halten Sie diese zwei Stunden auch ein. Selbstdisziplin bedeutet nämlich auch, die Grenzen nicht zu überschreiten und nicht zu übertreiben. In diesem Fall hat Selbstdisziplin sehr viel mit Selbstkontrolle zu tun, doch diese zwei Begriffe sind ohnehin untrennbar miteinander verbunden.

Eine weitere Gefahr, die sich zeigen kann, wenn Sie plötzlich Selbstdisziplin für sich entdeckt haben ist, dass sich der Freundeskreis über kurz oder lang verlagern und ändern kann. Dies sollten Sie jetzt an sich nicht als Gefahr sehen, die Gefahr liegt vielmehr darin, dass viele daran verzweifeln und dadurch wieder in alte Muster zurückfallen.

Natürlich können Sie viele sogenannte Freunde verlieren, wenn Sie plötzlich einen seriösen Weg einschlagen. Wenn Sie mehr Zeit im Sportstudio verbringen als auf der Couch, vorm Computer und in der Eckkneipe ist es ganz natürlich, dass Sie sich plötzlich auch mit anderen Menschen umgeben. Die Interessen verändern sich, alte Kumpanen verabschieden sich und neue Freundschaften können entstehen.

Auch kann die Selbstdisziplin gefährlich werden, wenn Sie den inneren Zwang haben, immer besser und noch besser als alle anderen zu sein. In jeder Lebenslage müssen Sie sich einfach profilieren, weil Sie sonst keinen Sinn im Leben sehen. Darum arbeiten Sie härter und länger als alle anderen und stellen das Privatleben an letzte Stelle. Dies passiert, wenn es keine Werte im Leben gibt, nichts Wichtiges worauf sie sich fokussieren können.

Sobald Sie eine hohe Kompetenz beweisen, werden auch die Ansprüche der anderen an Sie immer höher und automatisch kann sich dies in die Höhe schrauben. Hier ist es wichtig, dass Sie ebenso konsequent lernen, Grenzen zu ziehen und lernen auch einmal nein zu sagen. Nein nicht nur zu anderen, sondern auch zu sich selbst. Ansonst können Sie in Gefahr laufen, bis hin ins Burn-out oder Depressionen abzutriften. Denn auf Dauer kann niemand nur perfekt sein. Und es ist auch nicht der Sinn des Lebens, immer nur Perfektion zu fordern. Weder von sich selbst, noch von anderen. Sobald Sie dies verstanden haben, können Sie auch Ihren Ehrgeiz und Ihre Selbstdisziplin besser dosieren.

Der große Unterschied zwischen Selbstdisziplin und diszipliniert werden

Selbstdisziplin bedeutet, eigene Wege zu gehen. Sie setzen sich Ziele und verfolgen diese konsequent. Äußerlich ist oft kein Unterschied zwischen selbstdisziplinierten Menschen und disziplinierten zu erkennen. Wer jedoch diszipliniert handelt, der wird von jemand anderem gesteuert. Es ist ein Unterschied , ob Sie sich freiwillig hinsetzen und die Buchführung abarbeiten, oder ob Sie die Arbeit erledigen, weil jemand mit der Peitsche hinter Ihnen steht.

Wenn Sie sich nur disziplinieren lassen, dann steckt keinerlei eigener Wille dahinter. Das bedeutet, sobald der mahnende Finger oder die Rute am Fenster verschwinden, so lässt auch der Fleiß nach. Nordkorea ist als absolut diszipliniertes Volk bekannt. Doch denken Sie, sind die Bewohner dieses Landes auch selbstdiszipliniert? Folgen Sie nur den Worten Ihres Herrschers oder würden Sie auch ohne Zwang und Androhungen jeden Tag um 6 Uhr zum kollektiven Frühsport antreten?

Ein diszipliniertes Klassenzimmer sagt nichts über die tatsächliche Selbstdisziplin der einzelnen Schüler aus und auch beim Militär geht die Disziplin nicht von den Soldaten aus, die steif und salutierend in Reih und Glied stehen. Selbstdisziplin ist ein Handeln, das aus eigenem Willen geschieht um die eigenen Ziele zu verwirklichen, und nicht um zu gehorchen. Um jedoch den Anweisungen zu folge gehört wiederum eine Portion Selbstdisziplin dazu.

Selbstdisziplin und der Weg der Shaolin

Vielleicht haben Sie schon von den Shaolin gehört. Hierbei handelt es sich um buddhistische Mönche aus China, die für ihren Kung-Fu Sport, und für ihre enorme Selbstdisziplin berühmt wurden. Bereits Kinder im Alter von 3 Jahren lernen absolute Selbstdisziplin, sobald sie in den Orden eintreten. Der Weg der Shaolin ist beschwerlich und die Mönche leben nahe an der Selbstaufgabe, und doch gibt es einige sehr interessante Techniken, die auch Sie von den Shaolin lernen können.

Die Shaolin lehren ein ganzheitliches Programm, welches sich aus vielen Komponenten zusammensetzt. Daraus resultieren Menschen, die absolutes Selbstvertrauen besitzen, selbstbewusst und mit Selbstdisziplin durchs Leben gehen und dennoch mitfühlend und achtsam gegenüber den Mitmenschen sind.

Die Shaolin lehren, Körper, Geist und Seele zu nutzen. Sie haben erkannt, dass vieles sich mit dem eigenen Denken steuern lässt. So wie Sie denken, so füllen Sie sich auch mit Energie. Sie lernen mit den Regeln der Shaolin, wie wichtig es ist, dass Sie sich von unnötigem Ballast befreien müssen, um Ihre Ziele zu erreichen. Unnötiger Ärger verbraucht Energie, die Sie für andere Aufgaben viel dringender benötigen und auch effizienter einsetzen könnten.

Sie müssen beginnen, in der Gegenwart zu leben. Hängen Sie nicht an vergangenen tagen und machen Sie sich keine Sorgen wegen morgen. Wichtig ist, dass Sie den heutigen Tag optimal gestalten. Halten Sie zwar Ihr Ziel vor Augen und sehen Sie dieses bildlich vor sich, ärgern Sie sich jedoch nicht, wenn Sie am Vortag Ihr gewünschtes

Pensum nicht erreicht haben. Heute ist ein neuer Tag und es ist nur wichtig, dass Sie heute wieder alles geben.

Lernen Sie achtsam zu sein. Achtsamkeit bedeutet nicht nur den Mitmenschen gegenüber mitfühlend zu sein. Achtsamkeit beginnt bei Ihnen selbst. Lernen Sie auf Ihren Körper zu hören. Er gibt Ihnen Signale, was gut und was nicht gut für Ihn ist. Dies ist besonders wichtig, wenn Sie sich Ihre Ziele setzten und diese hinterfragen warum.

Die Shaolin lehren auch das Prinzip der Entschlossenheit. Dies ist besonders wichtig, da Sie hier erkennen, welche Dinge Sie tun sollten und von welchen Sie besser die Finger lassen. Für das Prinzip der Entschlossenheit sollten Sie sich wieder eine Liste anlegen. Hier können Sie nun alle nicht materiellen Dinge, Ihre eigenen Ziele, notieren. Dazu zählen jene Ziele wie das Rauchen aufhören, mehr Sport betreiben oder mehr für den eigenen Typ zu tun. Hier sollten Sie mindesten zehn verschiedene Dinge auflisten, die Sie gerne ändern würden.

Nun geht es daran, dass Sie diese Ziele auf Herz und Nieren prüfen. Lesen Sie sich alle Punkte genau durch und hören Sie achtsam in sich hinein. Zu welchen Dingen sind Sie wirklich fest entschlossen? Wenn Sie bereits überlegen müssen und zögerliche Worte wie eigentlich oder sollte in Ihre Gedanken kommen, dann können Sie diesen Punkt sofort wieder streichen. Dieses Ziel scheint Ihnen nicht wichtig genug zu sein.

Übrig bleiben nun vielleicht drei Punkte, und genau diese sind nun die Ziele, die Sie mit Selbstdisziplin verfolgen können. Bewerten Sie diese nun mit Noten, wie einfach es sein wird, Sie von diesem Weg abzubringen. 1 bedeutet, kaum etwas kann Sie davon abbringen und 5 bedeutet, dass nur ein Lied im Radio genügen würde, Sie ausreichend abzulenken und vom Weg abzubringen. Notieren Sie auch die Gründe, die Sie abbringen oder ablenken können und überlegen Sie, wie Sie diese verhindern könnten.

Nur wenn Sie sich absolut sicher sind, dass Sie das Ziel auch erreichen möchten, kann es auch funktionieren. Damit Sie dies besser verstehen, sollte auch hier ein kleines Beispiel dienen.

Unter Ihren drei wichtigsten Zielen ist eine gesunde Ernährung verblieben. Sie sind sich jedoch nicht so sicher, wie einfach es sein könnte, dass Sie sich von diesem Entschluss abbringen lassen. Sie müssen nun sämtliche Situationen durchspielen, die eine Gefahr für den Weg bedeuten könnten. Stellen Sie sich also vor, Sie gehen einkaufen und haben eine schöne Einkaufsliste mit gesunden Lebensmittel mitgebracht. Sie packen auch brav Eissalat und Radieschen ein, vor der Tiefkühl-Theke aber merken Sie, wie Sie langsamer werden und gierig die TK-Pizzen betrachten. Sie müssen sich nun sicher sein, dass Sie dieser Versuchung widerstehen können. Freuen Sie sich stattdessen auf eine selbstgemacht Low Carb Pizza aus Karfiol und auf einen gesunden Chia Pudding.

Wichtig ist, dass Sie bei jedem Ihrer Ziele auch die Gefahren im Auge haben. Seien Sie sich stets bewusst, dass der Weg nicht eben ist und dass Sie immer mit Hindernissen rechnen müssen. Nur wenn Sie sich diesen bewusst sind, können Sie der Gefahr ins Auge blicken und mit viel Selbstdisziplin weiter gehen.

Ein weiteres Prinzip der Shaolin, welches Ihnen hilfreich sein kann, ist das Prinzip der Gelassenheit. Gelassenheit bedeutet, dass Sie sich niemals zu schnellen Handlungen verleiten lassen sollen. Weder zu spontanen Zielen, noch zum frühzeitigen Abbrechen. Gelassenheit bedeutet Selbstbeherrschung und diese ist auf Ihrem Weg zu mehr Selbstdisziplin enorm wichtig. Durch Gelassenheit schaffen Sie es, nicht wegen plötzlichen Emotionen zu handeln. Gerade durch Gefühle wie Hass, Wut, Zorn,

Freude und Eifersucht lassen wir uns zu Taten hinreißen, die so an sich nicht geplant waren. Auch hier wieder ein Beispiel.

Sie haben seit etwa fünf Wochen durchgehalten und keine einzige Zigarette angerührt. Gerade sitzen Sie im Büro und Ihr Chef stürmt herein und brüllt los. Irgendetwas im Betrieb scheint schief gegangen zu sein und ob Sie eine Mitschuld daran tragen oder nicht, spielt hier keine Rolle. Sie brüllen zurück und spüren wie Ihr ganzer Körper bebt. Die Finger ballen Sie zu Fäusten bis sie weiß werden und es wirkt fast als würden Sie schäumen wie ein tollwütiger Hund. Kaum hat der Chef das Büro verlassen laufen Sie auch schon in den Garten hinaus und zünden sich eine Zigarette an, die Sie für alle Fälle immer noch in der Innentasche Ihrer Jacke versteckt hatten.

In diesem Fall haben Sie sogar zwei Fehler gemacht. Das größte No-go ist natürlich, selbst noch für die Möglichkeit zum Misserfolg zu sorgen. Wenn Sie zu rauchen aufhören, dann müssen Sie absolut konsequent sein. Keine einzige Zigarette wird aufgehoben oder versteckt. Auch nicht für den Fall der Fälle. Hätten Sie in diesem Moment keine Zigarette in der Jackentasche gehabt, so hätten Sie sich diesen Fehltritt sparen können.

Auch wenn Sie mit Gelassenheit reagiert hätten, wäre das Gespräch anders verlaufen. Das bessere Szenario wäre wie folgt abgelaufen. Der Chef verlässt das Büro und natürlich schäumen Sie vor Wut. Jedoch schließen Sie nun sofort die Augen und konzentrieren sich rein auf Ihre Atmung. Atmen Sie bewusst ein und aus und zählen Sie dabei bis zwanzig. Schon spüren Sie, wie Sie ruhiger werden.

Auch während des Gesprächs können Sie kleine Tipps und Tricks davon abhalten, richtig wütend zu werden. Diese können Sie von nun an immer anwenden, sobald Sie merken, Ihr Gesprächspartner könnte Sie in Rage versetzen.

Führen Sie die Fingerspitzen von Daumen und Zeigefinger beider Hände zusammen. Sofort können Sie spüren, wie positive Energie durch Ihren Körper fließt. Dies können Sie unbemerkt machen und Sie werden dennoch immer ruhiger. Die Worte des Gegenübers prasseln an Ihnen ab und können Ihnen nichts anhaben.

Eine weitere Möglichkeit st es, wenn Sie sich auf ein beliebiges Mantra konzentrieren. Dazu suchen Sie sich einfach ein Wort aus, an das Sie denken, dass Sie eine Situation oder ein Gespräch wütend machen könnte. Dieses Wort kann Insel, Brot, Hund, rot oder was auch immer sein. Dieses Mantra funktioniert von nun an als Ihr ganz persönliches Wut-Stoppwort. Sobald Sie an dieses Wort denken, verfliegt jede Wut und Sie spüren automatisch, wie sich auch Ihre Atmung wieder beruhigt.

Diese kleinen Hilfsmittel können Sie in jeder Situation anwenden. Egal ob es Ihr Teenager ist, der Sie zur Weißglut bringt, ob Sie sich am Telefon über einen Telefonverkäufer ärgern oder im Job mit der Stupidität der Kollegen auskommen sollten. Mit diesen wertvollen Tricks verfliegt Ihre Wut und Sie laufen nicht in Gefahr, Ihre Ziele nur wegen des Störfalls zu vernachlässigen.

Ein weiteres Prinzip der Shaolin ist das Prinzip der Langsamkeit. Auch dieses ist wichtig, um Ziele zu verfolgen. Es besagt, dass Sie Eile und Hetze mit Langsamkeit besiegen können. Eile verleitet dazu, Fehler zu machen. Durch Eile schießen Sie auch zu schnell über das Ziel hinaus.

Stress bedeutet Ärger und Anstrengung und nur durch Langsamkeit können Sie hier entschleunigen. Warum soll Stress gefährlich sein, dass man vom Weg abkommt? Dann lassen Sie dies ebenfalls anhand eines Beispiels erklären. Sie haben sich als großes Ziel gesetzt, von nun an auf Zucker zu verzichten und konnten dies schon zwei Monate erfolgreich durchziehen. Nun werden Sie schon den ganzen

Tag von einem Ort zum nächsten gehetzt. Ständig verlangt jemand etwas neues, die Ordner und Aufträge stapeln sich und Sie versuchen immer schneller und noch schneller zu arbeiten. Nach Stunden hatten Sie immer noch keine Zeit Ihren Lunch zu genießen und es ist auch in den nächsten Stunden keine Pause in Sicht. Nach Stunden greifen Sie in die Lade Ihrer Kollegin, fischen sich den dort versteckten Schokoriegel heraus, reißen gierig das Papier ab und stecken den Riegel fast ganz in den Mund. Er ist auch kein Genuss und schon während des Essens plagt Sie das schlechte Gewissen. Nur weil Sie es nicht geschafft haben etwas Langsamkeit in Ihre Arbeit zu bringen, haben Sie Ihr Ziel verfehlt.

Dabei ist es so einfach, sich nicht von der Eile der anderen anstecken zu lassen. Im Prinzip geht nichts schneller, nur weil Sie sich selbst hetzen. Lernen Sie nein zu sagen, schieben Sie konsequent 10 Minuten Pause ein und arbeiten Sie gewissenhaft, jedoch in einem langsameren Tempo. Dies ist keineswegs provokativ, sondern kann durchaus produktiv sein. Nicht umsonst heißt ein altes chinesisches Sprichwort: "In der Ruhe liegt die Kraft".

Ein letztes und vielleicht eines der wichtigsten Prinzipien der Shaolin ist das Prinzip der Gemeinsamkeit. Erkennen Sie, dass Selbstdisziplin alleine noch keine Führungskraft aus Ihnen machen. Oft ist es nur möglich, gemeinsam mit anderen Ihre Ziele zu erreichen. Schon Theodore Roosevelt sagte, dass eine wirkliche Führungskraft mit Selbstdisziplin arbeitet, mit Klugheit die Arbeiten delegiert und danach viel Selbstdisziplin aufbringen muss, um den Angestellten nicht ins Handwerk zu pfuschen.

Um Ihre Ziele zu erreichen ist es häufig notwendig, dass Sie sich Partner, Verbündete und Vertraute suchen. Diese brauchen Sie sowohl in allen privaten bereichen, als auch im Beruf. Auf diese Vertraute müssen Sie sich absolut verlassen können. Dafür ist es natürlich wichtig, dass Sie mit Ihren Mitmenschen stets achtsam umgehen. Seien auch Sie ein Mensch, dem man vertrauen kann und den man auch gerne unterstützt.

Diese Vertrauten an Ihrer Seite helfen Ihnen beim Sport durchzuhalten. Suchen Sie sich einen Laufpartner oder Freunde, mit denen Sie zum Cross-Fit gehen. Freunde helfen Ihnen, bei der Diät durchzuhalten und gehen auch gerne mit Ihnen auf ein Gemüseplatte und einen Salat anstatt in die Pizzeria. Verbündete Kollegen übernehmen auch gerne einen Stapel an Arbeit oder erledigen Aufgaben, unter welchen Sie zu ertrinken drohen.

Sie sehen also auch mit den Prinzipien der Shaolin finden Sie viele Möglichkeiten, Ihre Selbstdisziplin zu stärken. Und wenn Sie genau hinsehen, so unterscheiden sich diese alten buddhistischen Weisheiten auch kaum von jenen Werten, die auch in unserer heutigen Welt noch besonders wertvoll sind. Sie werden nun auch erkennen, dass uns immer das große Ganze zum Erfolg bringt. Es bringt nichts, wenn Sie sich nur auf Selbstdisziplin alleine konzentrieren und alle anderen Faktoren außer Acht lassen. Bei allen Vorhaben ist es notwendig, dass Sie absolut mit allem im Einklang stehen. Ihr Körper muss fit sein, Ihr Geist aufnahmebereit und auch mit der Umwelt und den Mitmenschen sollten Sie sich im Einklang befinden.

Nach alter asiatischer Lehre hilft es Ihnen auch, wenn Sie immer wieder meditieren um sich von Belastungen zu befreien. Dabei ist es nicht nötig, dass Sie plötzlich zum Yogi werden. Kurze Meditationen von 10 Minuten sind völlig ausreichend. Kurze Meditationen können sich auch jederzeit am Arbeitsplatz oder sogar auf dem Weg zur Arbeit durchführen. Wichtig ist nur, dass Sie die Augen schließen, sich auf Ihre Atmung konzentrieren und den Geist frei machen. Diese kleinen Meditationen können sowohl Rettungsanker als auch Energieschub sein.

Auch die Grundsätze der Shaolin können Sie sich immer wieder ins Gedächtnis rufen. Diese helfen Ihnen in allen Lebenslagen. Diese lauten:

- Selbsterkenntnis
- Achtsamkeit
- Gelassenheit
- Respekt
- Furchtlosigkeit
- Aufgeschlossenheit
- Konzentration auf das Wesentliche
- Ziele erkennen und verfolgen

Diese Werte und Prinzipien werden Sie stets auf dem Weg zu mehr Selbstdisziplin begleiten. Diese Werte müssen miteinander verschmelzen wie eine Kette. Nur so kann das Große und Ganze erschaffen werden. Sie können sich zum beispiel noch so sehr auf Ihre Ziele konzentrieren. Wenn Sie jedoch stets Angst vor dem Versagen haben, dann werden Sie über kurz oder lang wahrscheinlich auch wirklich versagen und das Ziel aus den Augen verlieren. Wenn Sie absolut entschlossen und aufgeschlossen für alles sind, jedoch mit Ihrer Umwelt respektlos umgehen, so können Sie sich keinerlei Unterstützung erwarten. Und genau diese Unterstützung kann oft bitter nötig sein. Wenn nur ein kleiner Teil im großen Ganzen fehlt, dann wird es einfach bedeutend schwieriger und Sie müssen noch mehr Energie aufbringen, die Ihnen an anderen Orten später fehlt.

Checkliste - Wie ist es um Ihre Selbstdisziplin bestellt?

Für dieses Kapitel benötigen Sie wieder Papier und Bleistift, oder Sie schreiben diese Checkliste in Ihr eigenes und persönliches Büchlein für mehr Selbstdisziplin, welches Sie sich extra für dieses Projekt anlegen. Diesen Check-up können Sie auch immer wieder und zu jeder Zeit wiederholen. So sehen Sie sofort, ob Sie Fortschritte gemacht haben, oder an welchen Punkten es noch Raum für Verbesserung gibt. Nehmen Sie nun Ihr Heft oder den Notizblock und schreiben Sie folgende Fragen auf.

Erinnern Sie sich an sämtliche Ziele, die Sie im Laufe des Lesens aufgeschrieben oder auch nur gedanklich notiert haben. Welche dieser Ziele haben sich als solche erwiesen, die Sie wirklich verfolgen möchten? Welche Ziele haben Sie auch wirklich in Angriff genommen und wie sieht es mit den Erfolgen aus?

In welchen Bereichen haben Sie besonders viel Selbstdisziplin gezeigt? Wie war Ihre Strategie? Ist es Ihnen immer leicht gefallen? Wann und warum war es manchmal nicht ganz zu einfach? Wie haben Sie sich selbst motiviert? Was hat sich dadurch verändert? Fühlen Sie sich stärker, mutiger, mächtiger, wichtiger, gesünder, fitter oder verantwortungsvoller? Schreiben Sie sämtliche Emotionen auf, die Ihnen dazu einfallen.

Nun hinterfragen Sie jedes einzelne Gefühl. Warum fühlen Sie sich mächtiger? Wie sieht Sie jetzt Ihr Umfeld? Haben Sie Rückmeldungen erhalten? Wurde eine Veränderung bemerkt? Wenn ja, von wem und wie? Beantworten Sie diese Fragen, nehmen Sie es jedoch nicht persönlich, sondern als Bestätigung oder als konstruktive Kritik.

Bei welchen Zielen sind Sie gescheitert? Welche Ziele haben Sie erst gar nicht in Angriff genommen? Warum ist es so gekommen? Woran sind Sie gescheitert? Nun versuchen Sie diese Gründe für Ihr Scheitern zu analysieren. Denken Sie , es war alleine Ihre Schuld, oder sind auch äußere Einflüsse zur Verantwortung zu ziehen?

Welche Ziele möchten Sie erneut in Angriff nehmen? Haben Sie alle Stolpersteine aus der Vergangenheit beseitigt? Wie haben Sie dies geschafft? Welche Stolpersteine und Hindernisse müssen Sie noch beseitigen? Wie sehen dafür Ihre Pläne aus?

Nach diesem kleinen Check-up wissen Sie genau, wo Sie stehen. Haben Sie wenigsten eines Ihrer Vorhaben erfolgreich umwandeln können? Wenn nicht, dann ist es am besten, Sie beginnen dieses Buch noch einmal von vorne. Oft ist es so, dass man den Ratgeber zwar leist, aber nicht gleichzeitig umsetzen kann. Das ist aber überhaupt nicht schlimm. Ganz im Gegenteil, nehmen Sie sich Zeit und beim nächsten Anlauf klappt es garantiert. Heben Sie jedoch alle Check-ups auf, die Sie im Laufe der Zeit machen. Nur so können Sie vergleichen und auch sofort erkennen, wo Sie Fortschritte, und wo vielleicht sogar Rückschritte gemacht haben.

Selbstdisziplin in der Partnerschaft

In allen zwischenmenschlichen Bereichen wird eine gewisse Portion an Selbstdisziplin und Toleranz benötigt. Selbstdisziplin kommt immer dann zum Einsatz, wenn Wünsche beider Partner aufeinander abgestimmt werden müssen und Kompromisse gefunden werden sollten. Ob beim Streitgespräch oder beim gemeinsamen Einkaufen, versuchen Sie einfach, sich selbst etwas mehr zurückzunehmen. Dafür wird eben häufig Selbstdisziplin benötigt.

Selbstdisziplin in der Partnerschaft unterscheidet sich jedoch von jener Selbstdisziplin, die am Arbeitsplatz oder im Alltag angewendet wird. Man spricht hier von der sogenannten natürlichen Selbstdisziplin. Diese besagt zum Beispiel, dass Sie alles nur aus absoluter Hingabe und Leidenschaft tun sollten, oder komplett lassen. In der Partnerschaft und im Familienleben muss diese Disziplin von innen heraus kommen.

Wichtig ist in der Partnerschaft auch das Verstehen von Ursache und Wirkung. Dies ist die Kraft, die für unsere Motivation und letztendlich auch für unsere Selbstdisziplin verantwortlich ist. Auch ist es wichtig, dass Sie in der Familie und Partnerschaft auch offen dafür sind, die Einstellung zu den unterschiedlichsten Sichten und Aufgaben zu ändern.

Beantworten Sie folgende Fragen und versuchen Sie danach Ihre Selbstdisziplin dahingehend zu aktivieren. Finden Sie heraus, welche Dinge in der Partnerschaft Ihnen besonders schwer fallen. Überlegen Sie, wofür Sie sich extra überwinden müssen und warum. Versuchen Sie diese Dinge nicht mehr mit Abneigung zu erledigen sondern bemühen Sie sich, Freude daran zu haben.

Ein schönes Beispiel, wo mangelnde Selbstdisziplin häufig zu Problemen in der Partnerschaft führt, darf natürlich auch nicht fehlen. Denn nur so merken Sie vielleicht, wo der Hase begraben ist und an welchen Baustellen es sich lohnt, schleunigst zu arbeiten.

Der Wasserhahn tropft. Frau weist Mann darauf hin und bittet, es sich doch bei Zeiten anzusehen. Mann verspricht es, hat es aber eine Stunde später schon wieder vergessen. Wochen vergehen, der Wasserhahn tropft immer noch. Frau weist Mann wieder einmal lieb darauf hin. Mann hebt den Kopf als hätte er von dem Problem das erste Mal gehört und verspricht, den Wasserhahn so bald als möglich zu reparieren. Doch auch das gerät wieder in Vergessenheit und noch Monate später tropft der Wasserhahn gemütlich vor sich hin.

Hier gibt es nun sogar zwei Parteien, die Selbstdisziplin benötigen. Die Frau muss sich zusammenreißen, um Ihren Man nicht tagtäglich anzubrüllen. Gleichzeitig wäre es vielleicht sinnvoller, ihn jeden Tag, freundlich und liebevoll an den Wasserhahn zu erinnern. Der Mann aber sollte die Prioritäten in einer Partnerschaft erkennen. Wünsche der Partner, sofern Sie erledigt werden können, sollten auch wirklich sofort erledigt werden. In diesem Fall würde es dem Herrn der Schöpfung vielleicht 10 Minuten Arbeit kosten, eine neue Dichtung an das Sieb des Wasserhahns anzubringen. So aber läuft er in Gefahr, dass diese kleinen Wassertropfen, unbeirrt tagaus tagein tropfen, sich über kurz oder lang als Gefahr für die Beziehung entwickeln.

Selbstdisziplin in der Partnerschaft bedeutet auch, die Socken und anderen Kleidungsstücke vom Boden aufzuheben und in den Wäschekorb zu befördern, bevor der Partner nach Hause kommt und auf den Missstand aufmerksam macht. Selbstdisziplin in der Partnerschaft bedeutet auch, morgens beim Frühstück auf das Handy zu verzichten und abends nicht stundenlang im Home-Office zu sitzen, nur weil das neue Online-Game gerade einen spannenden neuen Level erreicht hat.

Was jedoch, wenn man an der Seite eines überaus selbstdisziplinierten Menschen lebt und selbst eher zur eher gemütlichen und unentschlossenen Kategorie Mensch zählt? Dann ist viel Toleranz von bedien Seiten gefragt. Denn wenn jemand partout nicht diszipliniert handeln möchte, lieber faul auf dem Sofa liegt als zu putzen, Sport zu treiben oder sich weiterzubilden, dann kann dieser auch nicht gezwungen werden. Selbstdisziplin funktioniert nur, wenn am Anfang der eigene, freie und eiserne Wille steht. So gibt es nichts anderes zu tun als zu hoffen, dass im Laufe der Beziehung etwas von beiden auf den jeweiligen Partner abfärbt.

Willenskraft - Geduld - Selbstbewusstsein - Selbstdisziplin

Willenskraft oder auch Willensstärke ist Voraussetzung für Selbstdisziplin. Willensstärke wird heute auch häufig als Tugen erster Klasse bezeichnet. Genau genommen handelt es sich um die Fähigkeit, die eigenen Taten und Handlungen zu kontrollieren und zu steuern. Willensstärke wird sowohl in den Religionen respektiert und verwendet und auch die Metaphysik besagt, dass Willensstärke stets nur dem freien Willen entspringen darf.

Lediglich in der Psychoanalyse wird Willenskraft immer noch angezweifelt. Hier baut man auf das Konzept, dass sich alle Handlungen aus dem Unterbewusstsein entwickeln. Während in der Psychologie Fehler als Wegweiser des Unterbewusstseins bezeichnet werden, gilt dies in der Metaphysik als mangelnde Selbstdisziplin. Dies klingt so etwas verwirrend, daher sollte auch hier ein Beispiel für besseres Verständnis sorgen.

Sie leben in einer ungesunden Beziehung und haben es endlich geschafft sich zu trennen. Sie haben alle Selbstdisziplin aktiviert um nicht immer wieder mit der für Sie toxischen Person im Bett zu landen. Dennoch führt Sie der Weg eines Abends in das ehemalige Lieblingslokal. Und natürlich ist auch Ihr ehemaliger Partner anwesend. Es kommt zu einem Drink und einem weiteren und nach einigen Shots und Gekuschel an der Bar wachen Sie am nächsten Morgen gemeinsam im Bett auf. Hier kann man nun eindeutig von mangelnder Selbstdisziplin sprechen. Sie haben sich verführen lassen. Sei es, weil Sie Ihr Ziel nicht effektiv genug vor Augen hatten, oder einfach zu viel getrunken haben. In der Psychologie aber schiebt man das Geschehene auf das Unterbewusstsein. Dieses hat Ihnen suggeriert, dass man der Beziehung eine weitere Chance geben sollte. Sie hatten im Unterbewusstsein Zweifel an Ihrem Ziel sich fern zu halten.

Sie sehen, egal aus welcher Sicht man es sieht, das Ergebnis ist dasselbe. Das Unterbewusstsein kann auch als kleiner Teufel gesehen werden, der uns den vielleicht einfacheren oder lustigeren Weg zeigt. Hier ist der Wille also keine Kraft, sondern nur ein unterbewusster Wunsch, den Sie nicht zulassen möchten. Der Wille sollte somit nicht dem Unterbewusstsein, sondern dem bewussten Denken entspringen, damit er mit Selbstdisziplin verfolgt werden kann. Darum ist es so wichtig, dass Sie, nachdem Sie sich ein Ziel gesetzt haben, dieses auch hinterfragen und dabei tief in sich hinein hören. Nur so finden Sie heraus, ob zweifel bestehen und ob diese Ziele auch wirklich mit dem Bewusstsein gesetzt wurden und nicht irgendwie dem Unterbewusstsein entsprungen sind.

Wenn Sie dies nicht genau trennen, dann passiert es immer wieder, dass Sie Ihre Ziele verfehlen. Dies ist auch der Grund, warum Sie unbedingt ehrlich hinterfragen müssen, wie wichtig die Ziele für Sie sind und warum. Es bringt nichts, eine Diät zu beginnen, obwohl Sie eigentlich nicht abnehmen möchten. Nur weil vielleicht dieses Jahr Kleidergröße Null angesagt ist oder die Freundin gerade auf Twiggy Größe geschrumpft ist, müssen Sie es nicht anderen gleich tun. Selbstdisziplin bringt nur Erfolg, wenn Sie sich mit Ihrer Willenskraft vereinbaren lässt und nicht im Unterbewusstsein eine Stimme auf das Gegenteil pocht.

Dies setzt jedoch auch ein tiefes Verständnis für uns selbst voraus. Hier kommt wieder die Achtsamkeit ins Spiel. Sie sehen, alles ist eng miteinander verbunden. Durch Achtsamkeit lernen Sie, tief in sich hineinzuhören. So werden Sie erkennen, dass ein sogenannter Fail nichts mit

Selbstdisziplin, oder eben nicht vorhandener Selbstdisziplin zu tun hat, sondern ein Wink des Unterbewusstseins war. Wenn Sie dies erkennen, dann sehen Sie auch sofort, dass das Ziel kein wirkliches Ziel ist, das Sie mit Ernsthaftigkeit verfolgen möchten. Dies ist auch die Erklärung dafür, warum wir nicht alle Ziele erreichen können. Es wird immer etwas geben, das für uns unerreichbar ist, und das gilt es zu akzeptieren.

Und doch lässt sich Willenskraft trainieren. Denn alles kann und soll auch nicht auf unterbewusste Wünsche und Verlangen geschoben werden. Erfahrene Trainer für mehr Selbstbewusstsein, Erfolg und Disziplin behaupten sogar, dass sich Willenskraft wie ein Muskel trainieren lässt.

Eines der wichtigsten Übungen für Willenskraft ist die fokussierte Meditation. Dabei konzentrieren Sie sich während einer kurzen Meditation darauf, Ihren Willen zu stärken.

Ebenfalls eng mit Willenskraft in Verbindung gebracht wird die Körperhaltung. Wenn Sie für nur zwei Wochen konsequent darauf achten, immer aufrecht zu sitzen und aufrecht zu stehen, mit erhobenem Kopf durch die Stadt zu gehen und stets auf Körperspannung zu achten, dann haben Sie einen großen Schritt in Richtung mehr Willenskraft unternommen.

Sie sollten sich auch angewöhnen, Tagebuch zu führen. Dafür müssen Sie nicht jeden Tag einen Roman verfassen, sondern den Tag in Stichworten festhalten. Am Ende der Woche sollten Sie sich diese Stichworte durchlesen und bewerten. Hat sich die Situation oder ihr Blick auf die Situation verändert?

Ebenfalls ein Training für mehr Willenskraft ist, Ihre Koordination zu schärfen. Hier ist es wirksam, wenn Sie zum Beispiel immer wieder Ihre schwache Hand benutzen, öfter auf einem Bein stehen, blind durch die Wohnung marschieren oder barfuß über die Wiese oder den Kieselweg gehen. Versuchen Sie täglich etwa 30 Minuten oder besser eine Stunde für dieses Training einzuplanen.

Auch sollten Sie an Ihrer Sprache arbeiten. Garantiert gibt es ein spezielles Wort, welches für Sie typisch ist. Versuchen Sie dieses zu streichen und durch andere Wörter zu ersetzen. Zudem sollten Sie ebenfalls negative Worte wie Wahnsinn oder Elend komplett eliminieren. Ebenfalls gestrichen sind von nun an Kraftausdrücke und Schimpfworte. Fluchen zählt der Vergangenheit an und schon sind Sie wieder einen Schritt weiter für mehr Willenskraft und Selbstdisziplin.

Schreiben Sie zum Wochenbeginn eine To-do Liste und versuchen Sie diese auch einzuhalten. Auch ist es Zeit, um ein Haushaltsbuch anzulegen. All diese strukturierten Übungen helfen Ihnen sehr, damit der Wille über das Unterbewusstsein siegt.

Führen Sie sich in Versuchung und widerstehen Sie. Für einen Tag tragen Sie eine Packung Zigaretten mit sich rum oder lassen eine Tafel Schokolade vor sich auf dem Tisch liegen. Es kann sich hier auch um eine Flasche Wein, den neuesten Modekatalog oder der Online Poker am Laptop handeln. Hauptsache ist, dass Sie die Verführung einen ganzen Tag ständig vor Augen haben und widerstehen. Der Tag wird garantiert nicht einfach sein, aber am nächsten Morgen werden Sie ein enormes Glücksgefühl verspüren.

Beobachten Sie Ihren Tagesablauf. Garantiert gibt es in Ihrem leben Tätigkeiten und Handlungen, die Sie immer wieder automatisch durchführen. Stehen Sie morgens auf und gehen schnurstracks zur Kaffeemaschine? Schalten Sie zuerst den Laptop an oder holen Sie die Zeitung herein? Versuchen Sie nun die Abläufe anders zu gestalten. Versuchen Sie diese Automatismen zu löschen.

Und bei allem sollten Sie sich wieder in Geduld üben. Geduldig sein, eine Eigenschaft, die nur die wenigsten

Menschen wirklich besitzen. Doch einfacher als andere Tugenden lässt sich Geduld erlernen und üben.

Viele denken, Geduld und Selbstdisziplin schließen sich aus. Denn meist werden geduldige Menschen als Esel gesehen, mit denen man alles machen kann. Doch das ist absolut nicht der Fall. Was hier vermeintlich als geduldig bezeichnet wird ist lediglich gleichmütig und desinteressiert. Geduld jedoch ist die große Kunst, etwas erwarten zu können. Nicht alles überhastet erledigen zu wollen, sondern mit Bedacht und Gewissenhaftigkeit auf den richtigen Zeitpunkt zu warten.

Auch Sie sollten in Zukunft abwarten und ruhig bleiben, auch wenn etwas länger dauert als erhofft. Geduld fängt bei Kleinigkeiten im Alltag an und erstreckt sich über das gesamte Leben. Es bedeutet geduldig zu sein, wenn es heute keine Kohlenhydrate zu essen gibt und Sie bis Sonntag warten müssen. Sie brauchen Geduld an der Ampel, wenn diese für gefühlte Stunden nicht auf Grün umschalten möchte. Sie müssen geduldig sein, bis Sie den richtigen Partner finden und Geduld aufbringen, bis der Urlaub endlich kommt.

Wenn Sie nicht geduldig sind, steigern Sie sich in eine Erregung. Egal ob Sie an der Ampel wild hupen und bereits spüren, wie Ihnen die Röte ins Gesicht steigt, oder Sie Woche für Woche jammern, weil es noch unendlich lange bis zum nächsten Urlaub ist - in allen Fällen regen Sie sich nur künstlich auf, denn an der tatsächlichen Situation ändert sich nichts.

Natürlich ist es schwer, wenn der Zug Verspätung hat und Sie schon längst beim nächsten Termin sein sollten. Doch der Zug fährt nicht schneller, nur weil Sie sich tobend und schreiend am Boden rollen und vom Zugbegleiter bis hin zu den Mitfahrenden alle anbrüllen. Einzig und alleine Sie verschwenden Ihre Energie, die Sie später am Meeting gut gebrauchen könnten. Sie verbreiten negative Energie, verseuchen dadurch Ihren Körper und Ihren Geist und alle anderen nehmen Sie nicht für ernst.

Ruhe bewahren und geduldig sein wäre eher angebracht, auch wenn es in vielen Situationen besonders schwierig ist, die Fassung nicht zu verlieren. Doch die Sache mit der Geduld ist eng mit unserem heutigen Lifestyle verbunden. Wenn Sie sich vielleicht an Ihre Großmutter erinnern. Vielleicht war Sie so eine Person, die man als eine Frau mit Engelsgeduld bezeichnet hatte. Früher war es einfach so, dass man auf Dinge warten musste. Das beginnt mit der Post, zieht sich hin über Geschäfte, die nur zu gewissen Zeiten geöffnet hatten und endet noch lange nicht bei Lebensmittel, die nur zu gewissen Saisonen erhältlich waren.

Heute haben Sie Lust auf chinesisches Essen, klicken auf Ihre App und 20 Minuten später steht die dampfende Ente süß-sauer vor Ihnen. Egal was Sie einkaufen möchten, online können Sie aus aller Herrenländer Waren bestellen und bekommen dies frei haus geliefert. Informationen sind über das Internet jederzeit frei verfügbar und Sie müssen nicht stundenlang in der Bibliothek nach der richtigen Literatur suchen. Die Geschäfte haben beinahe rund um die Uhr geöffnet und wenn der Supermarkt geschlossen hat, können Sie an Spätis oder Tankstellen-Shops auch nach Mitternacht noch einkaufen.

Doch für alle Dinge des Lebens gibt es auch heute noch keine Lösung und genau hier müssen Sie Geduld aufbringen. Genauso wenig, wie Sie die Ampel beeinflussen können, außer mit einem illegalen Hack-Trick, können Sie erwarten, dass sich der Erfolg von einem Tag auf den anderen einstellt. Sei es beruflich oder auch privat.

Wenn Sie nun nicht geduldig warten möchten, können Sie natürlich immer nach Alternativen suchen. Sie können aufgeben und sich einem anderen Projekt zuwenden, anstatt der Diät die Kleider eine Nummer größer kaufen und das

Abo im Fitness-Center verfallen lassen, nur weil sich nach drei Tagen noch keine Anzeichen des versprochenen Waschbrettbauchs zeigen.

Sie können sich jedoch auch durchbeißen und den langen und steinigen Weg gehen, weil Sie wissen, dass es sich lohnt. Wenn Sie geduldig sind, dann fällt es Ihnen nicht schwer. Denn automatisch, wenn Sie ungeduldig sind, setzen Sie sich unter Druck. Durch diesen Druck entstehen Stress und Anspannung und dies belastet natürlich Körper, geist und Seele. Sie werden gereizt, ärgerlich, zornig und bremsen sich dadurch nur selbst aus. Die Konzentration schwindet und die Anfälligkeit für Fehler steigt. Dadurch benötigen Sie nur noch mehr Zeit und Sie sind in einem Teufelskreis gefangen.

Auf dem Weg zu mehr Geduld sollten Sie im Vorfeld bereits dafür sorgen, dass Sie sich einen gewissen Spielraum geben. Vorbereitung ist hier alles. Versuchen Sie stets, sich genügend Zeit zu geben. Planen Sie die Meetings nicht zu knapp hintereinander. Lassen Sie sich zwischen den einzelnen Aufgaben einen ordentlichen Puffer.

Wenn Sie auf ein Ziel hinarbeiten, unterteilen Sie die Strecke in kleinere Etappen. So können Sie zwischendurch immer wieder Erfolge feiern. Dadurch werden Sie auch nicht ungeduldig, wenn das Ziel selbst noch nicht in Reichweite ist. Auch ist es wichtig, dass Sie akzeptieren, dass jeder Weg eine gewisse Zeit benötigt.

Schreiben Sie sich eine Tabelle mit Situationen, in welchen Sie ungeduldig reagieren. Nun notieren Sie alle Situationen, in welchen Sie durchaus geduldig sein können. Sie werden überrascht sein, aber es ist nur natürlich, dass jeder von uns sowohl geduldig als auch ungeduldig ist. Und auch wenn Sie schon länger daran arbeiten geduldiger zu sein, so wird es dennoch häufiger vorkommen, dass der Geduldsfaden wieder und wieder zu reißen droht.

Wenn Sie sich intensiver mit Ihrer Ungeduld beschäftigen, dann bemerken Sie schon einige Sekonden zuvor, dass es wieder einmal so weit ist, und die Ungeduld durchschlägt. In diesem Moment versuchen Sie, einen kühlen Kopf zu bewahren. Atmen Se durch, kämpfen Sie nicht an und versuchen Sie nicht, die Wut oder den Ärger zu verstecken. Versuchen Sie diese zu verarbeiten und abzukühlen. Atmen Sie ruhig und spüren Sie, wie Sie langsam ruhiger werden.

Machen Sie sich in diesem Moment der Ungeduld bewusst, dass diese Sie nicht wirklich weiter bringt. Der stampfende Fuß ist genauso unnötig, wie der Wutausbruch und das Gebrülle. Die Kassiererin kann auch wenn Sie noch so toben die Waren nicht schneller über den Scanner ziehen und auch wenn Sie Feuer und Schwefel spucken repariert sich der Drucker nicht spontan und von alleine.

Machen Sie sich stattdessen klar, dass die Ungeduld sich im Moment nur negativ auswirkt. Ihr Herz beginnt zu klopfen, Sie verspüren Hitze und Wallungen und der Blutdruck steigt gefährlich an. Der Stress und die Anspannung sorgen für Ärger und für Unzufriedenheit, doch an der Situation, über die Sie sich ärgern ändert sich nichts. Wenn Sie zum Beispiel am Computer sitzen und an einem Blogeintrag arbeiten und sich dabei ständig vertippen, dann verzögert ein Wutausbruch den Ablauf sogar noch zusätzlich.

Sie müssen einsehen, dass manches Mal die Dinge auch von außen bestimmt werden und Sie nicht der Herrscher der Welt sind. Die Ampel lässt sich nicht von Ihnen beeinflussen und auch wenn das Internet ausfällt und Sie Ihre Mails nicht beantworten könne, so können Sie es nicht wirklich beeinflussen.

Lernen Sie, die von außen auferlegten Pausen zu lieben. Nutzen Sie die Zeit ohne Internet für Entspannung, für eine vorverlegte Mittagspause oder zu Hause um zu putzen oder ein gutes Buch zu lesen. Während einer langen Ampelphase können Sie eine kleine Meditation durchführen, kurz die Augen schließen oder sich ordentlich strecken. Drehen Sie das Radio laut und singen Sie einfach mit. Auf jeden Fall sollten Sie die zusätzliche Zeit als Geschenk sehen und Energie sammeln.

Versuchen Sie, wenn sich der nächste ungeduldige Wutanfall anbahnt, ein kleines Rollenspiel durchzuführen. Stellen Sie sich vor, Sie währen ein buddhistischer Mönch. Lächeln Sie stoisch, falten Sie die Hände und suchen Sie Ihre innere Mitte. Lassen Sie sich mit keiner Miene Ihren Unmut oder Ihre Ungeduld anmerken.

Nehmen Sie sich ein Beispiel an Kindern. Wenn diese an einem neuen Platz verweilen und warten müssen, so wird zuerst die Umgebung betrachtet. Denken Sie daran, wenn Sie das nächste Mal im Stau stehen.

Als nächstes Element reiht sich das Selbstbewusstsein ein, ohne das es auch keine Selbstdisziplin gibt. Nur wenn Sie Vertrauen in sich selbst haben, können Sie auch mit Disziplin vor eine Menge schreiten und als Vorbild fungieren. Nur wenn Sie Selbstvertrauen haben, können Sie auch daran glauben, alles zu schaffen, das Sie sich vorgenommen haben.

Sie müssen überzeugt sein von sich selbst und von Ihren Fähigkeiten. Sie müssen wissen, wer Sie sind, wohin Sie wollen und über welche Stärken und Schwächen Sie verfügen. Auch Selbstliebe und auch Selbstakzeptanz fällt unter diesen Begriff. Es bedeutet, Sie müssen sich akzeptieren, mit allen Stärken und Schwächen.

Meist definiert sich Selbstbewusstsein über Statussymbole. Doch weder ein großes Auto, noch eine Villa mit Pool, ein Motorrad, Designerkleidung oder teure Uhren sagen wirklich etwas über Ihr Selbstbewusstsein aus. Diese Dinge können Ihnen helfen, dass Sie sich besser fühlen, meist aber übermalen diese Statussymbole ein mangelndes Selbstbewusstsein.

Um selbstbewusst zu werden, müssen Sie aktiv dafür arbeiten. Es ist keine Eigenschaft, die als Geschenk vom Himmel fällt, auch wenn manche Menschen von Natur aus stärker auftreten als andere. Doch Sie müssen sich auch trauen, vor eine Menge zu treten und zu sprechen. Sagen Sie einfach "Hallo, ich bin auch da." Achten Sie darauf, dass Sie eine ordentliche Körperhaltung zeigen und Menschen bei der Begrüßung in die Augen blicken. Ein fester Händedruck und eine laute Stimme drücken ebenfalls Selbstbewusstsein aus.

Stehen Sie zu Ihren Worten und hinter Ihren Ideen. Werden Sie nicht zum Ja Sager, nur um anderen zu gefallen. Selbstbewusstsein drückt sich nicht in Beliebtheit, sondern durch Ehrlichkeit und Authentizität aus. Auch Ihrem Chef gegenüber müssen Sie nicht immer klein bei geben. Wenn Sie eine andere Meinung haben, und diese auch vertreten können, dann können Sie ihm dies auch mitteilen. Natürlich soll Ihre Meinung auch Hand und Fuß haben. Viele widersprechen nur um des Widerspruchs wegen. Doch auch das zeugt nicht von Selbstbewusstsein, sondern eher von Dummheit.

Sicher es gehört auch viel Selbstbewusstsein dazu, anderen immer zu widersprechen. Garantiert kennen auch Sie eine Person, die von Haus aus immer das Gegenteil sagt, egal worum es sich handelt und ob es Sinn macht oder nicht. Doch an diesen Menschen müssen Sie sich nicht orientieren. Als rational und normal denkender Mensch können Sie sicher erkennen, was echtes Selbstbewusstsein wiederspiegelt und was nur ein sich ständig in den Mittelpunkt drängen ist.

Mit Willenskraft, Geduld und Selbstbewusstsein zusammen, wird es auch ganz einfach, alles mit mehr Selbstdisziplin anzugehen. Nicht nur, weil vieles mit dem selben Training zu erlernen ist, sondern auch weil Sie mit dem Training lernen, Körper, Geist und Seele in Einklang zu bringen. All diese Elemente und eine innere Gelassenheit sind die Grundpfeiler für Ihre Selbstdisziplin.

Wie Sie sich besser durchsetzen können

Durchsetzungsvermögen ist einfach wichtig. Wenn Sie sich durchsetzen können, dann haben Sie es eindeutig einfacher im Leben. Nicht nur im Beruf als Führungskraft, sondern auch im Privatleben ist es besser, nicht als Mauerblümchen zu agieren. Doch vor dem Durchsetzungsvermögen steht das Selbstbewusstsein. Sie sehen, es reiht sich ein weiteres Element ein.

Sie können sich nur durchsetzen, wenn Sie immer gut vorbereitet sind. Hier müssen Fakten sprechen um zu überzeugen. Nicht nur im Büro oder bei Meetings, sondern auch im Alltag. Wenn Sie mit Freunden einen bestimmten Film sehen möchten, dann müssen Sie diesen auch anpreisen und verkaufen können, genauso spannend wie Ihre Ideen bei einem Vortrag. Lernen Sie, gut vorbereitet zu sein und die Menschen mit Ihrem Pitch zu fesseln.

Versuchen Sie immer klar und verständlich zu sprechen. Nur so können Sie verstanden werden, und nur wer verstanden wird, kann seine Ideen auch durchsetzen. Bei allen versuchen sich durchsetzen zu wollen, sollten Sie jedoch niemals auf die anderen vergessen. Hören Sie sich deren Argumente an, zeigen Sie Verständnis, auch wenn die Meinung der anderen gegensätzlich ist. Gehen Sie explizit auf die Gegenargumente ein. Dafür ist es natürlich wichtig, dass Sie gut vorbereitet sind. Sobald Ihnen die Argumente ausgehen, sind Sie verloren.

Um sich durchzusetzen können an dieser Stelle auch Emotionen mit ins Spiel kommen. Das bedeutet nicht, dass

Sie mit Krokodilstränen Ihren Verhandlungspartner erpressen sollten. Sie können jedoch Ihre Argument mit Emotionen vorbringen. Ob lustig, traurig, ergreifend, berührend, alles ist erlaubt. Die wichtigste Emotion jedoch ist Enthusiasmus. Wenn Ihnen diese Begeisterung für Ihr Projekt fehlt, dann ist es ebenso sicher, dass Sie scheitern werden.

Auch für mehr Durchsetzungsvermögen ist es wichtig, dass Sie Ihre Ziele genau kennen und diese definieren. Sie können keine Wünsche vortragen, wenn Sie sich nicht sicher sind, was Sie überhaupt wollen. Stehen Sie absolut hinter Ihrer Meinung. Wenn Sie von Ihrem Vorhaben sprechen und andere überzeugen möchten, dann ist es auch wichtig, dass Sie niemals im Konjunktiv sprechen. Die Möglichkeitsform rund um hätte und wäre, könnte oder würde hat bei knallharten Verhandlungen nichts zu suchen. Egal ob es sich darum handelt, eine Gehaltserhöhung zu besprechen, den Partner vom exotischen Urlaubsort zu überzeugen oder den Kollegen eine neue Location für den gemeinsamen Lunch schmackhaft zu machen. Sagen Sie immer klar und deutlich, und ohne Umschweifen was Sie wollen. Ob Sie den Kindern sagen, dass Sie wollen, dass diese schlafen gehen, oder die Musik leiser drehen, oder der Kollegin mitteilen, dass Ihnen der Tratsch nicht recht ist, mit diesen Aussagen und der Demonstration Ihres Willens erhalten Sie viel Respekt. Dies ist gut für Ihr Selbstbewusstsein und bringt Sie ein Stück weiter selbstdiszipliniert zu sein. Alleine schon aus dem Grund, da Sie sehen, dass Sie alles schaffen können, das Sie sich vornehmen.

Warum sich harte Arbeit lohnt

Nicht jeder ist mit der gleichen Portion Intelligenz oder Talent gesegnet. Das bedeutet für den einen mehr Arbeit als für den anderen, um dasselbe zu erreichen. Das zeigt sich bereits in der Schule. Während Sie vielleicht dem Unterricht nur aufmerksam folgen mussten und dadurch bereits den Stoff für die nächste Prüfung im Kopf hatten, musste die Sitznachbarin Tage und Nächte büffeln, um das Gelernte halbwegs umsetzen zu können.

Auch die Erfolgsgeschichte vom Tellerwäscher zum Millionär erzählt von Fleiß, Hartnäckigkeit und harter Arbeit. Es ist immer noch so, dass es möglich ist, sich von ganz unten in die obersten Chefetagen zu arbeiten. Auch wenn häufig andere Kriterien wie Beziehungen und ein gutes Netzwerk eine Rolle spielen, so wird harter Einsatz immer noch sehr geschätzt und auch belohnt. Die wichtigsten Eigenschaften für Erfolg sind Lernbereitschaft, Neugier, Leidenschaft, Sorgfalt, Manieren, Pünktlichkeit, Engagement, Integrität, Zuverlässigkeit und natürlich Selbstdisziplin. Auch hier spielen wieder alle Elemente zusammen und nur mit dem kompletten Package können Sie heutzutage noch richtig erfolgreich werden.

Lernbereitschaft liegt klar auf der Hand. Wenn sich die Telefonistin nicht für Weiterbildung interessiert, auch wenn diese kostenlos angeboten wird, dann muss sie sich nicht wundern, wenn sie nach zehn Jahren immer noch die Telefonate im Vorzimmer entgegen nimmt und nicht schon längst als Sekretärin in der Chefetage werken kann. Jeder Betrieb entwickelt sich weiter. Egal ob es die Gastronomie ist, die Fertigung oder die Verwaltung, nirgends bleibt die

Zeit stehen. Egal ob es sch um neue Medien handelt, ob neue Marketing-Strategien vorhanden sind, oder technische Neuheiten anstehen, wichtig ist, dass sich alle Mitarbeiter gemeinsam weiterbilden und mit der Moderne gehen.

Neugierde ist der innere Antrieb, der uns immer wieder zu Neuem motiviert. Es bedeutet, dass Sie keine Angst vor Neuerungen haben und allem aufgeschlossen gegenüber stehen. Neugierde bedeutet nicht, dass Sie sich für das intime Privatleben von Chef und Co interessieren sollen, sondern Ihre Nase gerne in neue Entwicklungen stecken und die Fühler ausstrecken, wie Arbeitsabläufe optimiert werden könnten. Neugierde bedeutet, Veränderungen auch mitzumachen und nicht aus Angst vor dem Versagen von vorne herein abzulehnen. Auch wenn Sie schon 20 Jahre Küchenchef sind, der neuen vegetarischen Welle können und sollen Sie sich nicht verschließen, nur weil das nie so gemacht wurde und auch im Bereich Marketing können Sie nicht nein sagen zu sozialen Netzwerken und Online-Promotions.

Leidenschaft ist das Feuer, das uns antreibt. So wichtig die Leidenschaft in einer Partnerschaft ist, genau so wichtig ist diese auch im Berufsleben. Sie müssen für Ihre Arbeit brennen und mit Körper, Geist und Seele dahinter stehen. Sie können keine Sommerkleider der neuen Kollektion verkaufen, wenn Sie sich damit nicht identifizieren können. Zeigen Sie Körpereinsatz und lassen Sie auch alle anderen spüren, wie überzeugt Sie von Ihren Produkten sind. Nur so können Sie andere mitreißen und motivieren.

Sorgfalt ist ebenfalls ein Punkt, der sehr wichtig ist, wenn Sie erfolgreich sein möchten. Niemand möchte, dass im Büro geschludert wird. An der Rezeption können Sie nicht einfach Termine vergessen, weil Sie diese nur nebenbei auf einen Zettel geschrieben haben und in der Buchhaltung können diese kleinen Fehler schnell sehr kostspielig werden. Sorgfalt ist ebenfalls im Beruf und im

Privaten wichtig. Der Haushalt lässt sich erfolgreich führen, wenn Sie sorgfältig das Haushaltsbuch führen und so den Überblick niemals verlieren.

Die guten Manieren sind ebenfalls in allen Lebenslagen wichtig, vielleicht im Berufsleben noch mehr, doch auch im Zwischenmenschlichen wird heute wieder mehr Wert auf gute Manieren gelegt. Rüpelhaftes Verhalten ist out und das Gehabe und der Slang der Gosse wirken wenig attraktiv. Manieren bedeutet jedoch nicht nur für Männer, den Damen die Türe aufzuhalten oder den Stuhl zurecht zu rücken. Manieren umfassen viel mehr. Es ist das Tischverhalten beim gemeinsamen Lunch oder die Umgangsformen, auch wenn Sie auf der Firmenfeier zwei Gläser Champagner getrunken haben. Manieren bedeutet nicht zu tratschen und zu lästern. Manieren bedeuten höfliche Umgangsformen zu verwenden und mit "bitte, danke, sehr gerne und guten Morgen" nicht sparsam umzugehen. Ein Angestellter mit schlechten Manieren wird es in nur sehr seltenen Fällen zur rechten Hand der Chefetage zu werden und auch in allen anderen Berufen werden Mitarbeiter mit miserablen Umgangsformen eher versteckt. Privat machen Sie sich ebenfalls eher Freunde, wenn Sie höflich sind, eine gepflegte Sprache führen und mit Charme und nicht mit Rüpelhaftigkeit und Aggressionen auf sich aufmerksam machen.

Pünktlichkeit ist die Höflichkeit der Könige und Sie sollten sich nie unter diesem Wert verkaufen. Das bedeutet: Pünktlichkeit ist wichtig. Wer andauernd zu spät kommt ist nicht nur unzuverlässig, sonder zeichnet auch von sich selbst ein schlechtes Bild. Es geht einfach nicht, zum Meeting zu spät zu kommen, und auch den laden können Sie nicht einfach zu einer Zeit aufschließen, die Ihnen gerade in den Sinn kommt. Wenn Sie einen Termin vereinbaren, dann erwarten Sie von Ihrem Gegenüber doch auch Pünktlichkeit.

Mit demselben Respekt sollten Sie deshalb auch allen anderen entgegen kommen.

Engagement hat viel mit dem eigenen Feuer zu tun. Doch auch wenn Sie nicht unbedingt für diese Aufgabe brennen, Sie muss dennoch mit demselben Feuereifer erledigt werden. Sicher ist es spannender, filigrane Vorspeisen zu zaubern, als stundenlang Kartoffel zu schälen, aber auch diese Aufgabe muss erledigt werden. Wenn jemand im Betrieb ausfällt und kein Ersatz vorhanden ist, dann müssen diese Aufgaben von allen anderen übernommen werden. Hier können Sie Engagement zeigen und auch niedrigere Posten mit Freude ausführen. Engagement zeigen Sie, wenn Sie auch mit neuen Ideen und Vorschlägen ankommen und sich nicht unter dem Tisch verstecken, wenn es darum geht, Aufgaben zu verteilen oder die individuellen Meinungen abzufragen.

Integrität, viele wissen nicht einmal was das bedeutet und dementsprechend wird häufig auch gehandelt. Integrität bedeutet ehrlich, aufrichtig und unbestechlich zu sein, und dem Freund von heute nicht morgen schon einen Dolch von hinten in den Rücken zu rammen. Integrität bedeutet jedoch auch, die eigenen Wertvorstellungen mit Überzeugung zu leben und immer echt aufzutreten. Integrität versteht sich auch als diese Aufrichtigkeit, die uns echt auftreten lässt. Sie sollen sich nicht verstellen, sondern Ihr wahres Gesicht zeigen. Wer ehrlich ist, hat auch keine Veranlassung dazu, sich zu verstellen und anderen etwas vorzuspielen.

Zuverlässigkeit ist Paket, welches die meisten oben genannten Eigenschaften vereint. Wer unpünktlich ist, wird nie Verantwortung erhalten und wer keine Manieren vorzuweisen hat, dem wird man auch nicht die Präsentation der Firma übertragen. Nur wenn man sich auf Sie in allen Lagen verlassen kann, dann wird man Ihnen auch in ebenso allen Lagen vertrauen. Dies stärkt das Selbstbewusstsein und Sie erkennen, dass sich die harte Arbeit gelohnt hat.

Schreiben Sie nun alle Punkte auf und bewerten Sie sich offen und ehrlich im Schulnoten-System. Überlegen Sie, wo und wie Sie manche Punkte verbessern können. Natürlich kosten manche mehr Selbstdisziplin als andere, gerade wenn Sie vielleicht eher zur legeren Gruppe zählen, die morgens gerne Gleitschicht einführen würden und prinzipiell 15 Minuten zu spät kommen. Doch alles lässt sich mit etwas guten Willen und Disziplin umsetzen.

Harte Arbeit lohnt sich jedoch auch wegen der Ernte. Und als Ernte sollten Sie jedes kleine Lob und jede Anerkennung sehen. Bewundern Sie nicht auch Menschen, die es mit eigenen Händen, viel Schweiß und Spucke an die Spitze gebracht haben? Sind nicht die sogenannten Selfmade Millionäre beeindruckend und lesen wir nicht gerne Erfolgsgeschichten in welchen es Jugendliche aus schlechtem Hause geschafft haben, ein Studium abzuschließen und diese sich nun als erfolgreiche Broker oder Geschäftsfrauen präsentieren? Möchten Sie nicht auch dazugehören und bewundert werden? bewundert dafür, was Sie selbst geleistet haben?

Es imponiert doch viel mehr, wenn Sie jemanden kennen lernen, der sich mit eigener harter Arbeit die Wohnung gekauft hat, als wenn dieselbe Person die Wohnung mit dem Geld der reichen Eltern erstanden hat. Viele werden nun sagen, hm, Reichtum ist Reichtum, doch das ist sehr materialistisch und oberflächlich. Erinnern Sie sich doch zurück, wie stolz Sie waren, als Sie sich zum ersten Mal im leben vom eigenen und selbst verdienten Geld etwas kaufen konnten. Diese Dinge wurden auch wie Augäpfel behütet und viele hängen noch heute an dem ersten selbst gekauften Buch oder an der ersten eigen erworbenen Jeans.

Wenn Sie andere beobachten, die durch harte Arbeit erfolgreich wurden, was fühlen Sie dabei? Ist es Neid, Eifersucht und Missgunst? Oder kommt in Ihnen das Gefühl auf, dass Sie dies doch auch erreichen könnten? Lassen Sie keine negativen Gefühle zu. Neid bremst Sie nur. Sehen Sie dies jedoch als Ansporn und geben Sie Ihr bestes. Jeder kann erfolgreich werden, Sie müssen nur diszipliniert daran arbeiten.

Sind Sie mit enormem Talent und hoher Intelligenz gesegnet, so fällt natürlich alles leichter. Doch hier kommt meist eine Stolperfalle auf. Gerade besonders talentierte Menschen neigen häufig dazu, sich auf den eigenen Lorbeeren auszuruhen. Das bedeutet, dass Sie niemals aufhören sollten an sich zu arbeiten, egal wie clever und wie talentiert Sie auch sind. Ruhen Sie sich nicht zu lange aus und überlegen Sie auch nicht zu lange. Wie es in einem alten Sprichwort heißt, stürmen die dummen aber hart arbeitenden Menschen die Burg, während die cleveren und talentierten Menschen noch überlegen.

Zudem ist es so, dass niemand absolut talentfrei ist. Freilich wurde nicht jeder mit einer Engelsstimme gesegnet, hat die Voraussetzungen Ballett-Tänzerin zu werden oder ist für den Spitzensport geeignet. Doch irgend ein Talent schlummert in jedem. Es liegt nur an Ihnen, diese Talent zu erkennen und dementsprechend zu fördern. Es bringt nichts wenn Sie im Alter jammern, dass Sie ein begnadeter Maler hätten werden können. Wenn Sie nicht selbst zu Pinsel, Farbe und Papier greifen und Ihre Kunst verewigen, dann wird niemand Ihr Talent erkennen.

Überlegen Sie nun, wo Ihre besonderen Talente liegen. nehmen Sie den zettel zur Hand und schreiben Sie mindesten fünf Talente aus, die in Ihnen schlummern. Ja, es müssen fünf sein. Sind Sie gut in technischen Dingen, beherrschen Sie ein Instrument, können Sie exzellent backen, kochen, fotografieren, malen, schreiben oder singen? Sind Sie gut im Umgang mit Tieren oder haben Sie eine besonders ausgeprägte soziale Ader? Diese Talente müssen auch nichts mit Ihrem jetzigen Betätigungsfeld zu tun haben.

Versuchen Sie nun eines dieser Talente zu finden, welches Sie auch mit einer Ernsthaftigkeit verfolgen möchten. Womit können Sie erfolgreich werden? Erfolgreich bedeutet nicht unbedingt, dass Sie damit das große Geld machen. Das kann sein, steht jedoch nicht im Vordergrund. Erfolgreich kann auch bedeuten, dass Sie sich rundum glücklich fühlen, weil Sie einer der besten im Chor werden und bald ein Solo erhalten, oder weil Sie nach wenigen Besuchen der Star im Kochclub sind. Sie können Erfolge mit einem Roman oder Gedichtband feiern, oder auch durch premierte Fotos. Wichtig ist nur, dass Sie Ihr Talent erkennen, fördern und verfolgen. Dazu ist, Sie wissen es, Selbstdisziplin nötig.

Lassen Sie sich auch nicht so schnell aus der Bahn werfen. Auch hier können Sie immer wieder Rückschläge erleiden und müssen mit der ein oder anderen Niederlage rechnen. Vielleicht nimmt nicht der erste Verlag Ihr Manuskript an und Sie müssen es an zehn verschiedene Verlage senden. Eventuelle will die Galerie nur eines Ihrer 10 Bilder veröffentlichen oder Sie kommen nicht sofort als erste Klarinette in der Kapelle zu spielen. Doch damit müssen Sie lernen umzugehen.

Diese Niederlagen sollen Sie jedoch nicht aufhalten, sondern anspornen, noch mehr zu tun und noch härter zu arbeiten. Sehen Sie jeden Rückschlag als konstruktive Kritik. Nur wenn Sie wissen, was Sie verbessern können, kann auch hart daran gearbeitet werden. Sind Sie beim Vorstellungsgespräch am Übersetzen aus dem Englischen gescheitert, so wissen Sie, was Sie verbessern müssen.

Machen Sie nicht den Fehler und ziehen Sie sich nicht zurück, wenn etwas misslingt. Gehen Sie auch weiter Risikos ein, denn nur so können Sie auf Dauer gewinnen. Ohne Einsatz kein Gewinn, das ist nicht nur in der Lotterie so. Wenn Sie nur zu Hause für sich singen, wird niemand entdecken, wie gut Sie sind. Ob Karaoke, Probe mit einer Band oder Youtube Videos, Sie haben so viele Möglichkeiten Ihre Talente zu zeigen - nutzen Sie diese auch.

Sie werden rasch merken, dass andere auf Sie aufmerksam werden, wenn Sie hart arbeiten. So bekommen Sie Gleichgesinnte oder auch Mentoren. Auf dem Weg zu mehr Erfolg ist es nie schlecht, in einem breit gefächerten Netzwerk zu arbeiten. Lassen Sie dies zu. Zudem arbeitet es sich in der Gruppe häufig viel einfacher und Sie können sich gegenseitig motivieren und inspirieren. Auch Neider werden Ihnen auf diesem Weg begegnen. Nehmen Sie den Neid als Kompliment an und lassen Sie auf keinen Fall die negative Energie an sich ran. Neid kommt nur dann, wenn Sie etwas vermeintlich besser können oder meistern als andere. Sie tragen jedoch keine Schuld daran, dass sich andere weniger schnell oder effektiv entwickeln. Sie können nichts für die Unzulänglichkeit anderer und sind auch nicht dafür verantwortlich, ob diese sich gut oder schlecht fühlen. Sie selbst arbeiten hart an Ihrer Selbstdisziplin, und Sie arbeiten wirklich hart. Daher können Sie auch mit ruhigem Gewissen Ihren Erfolg genießen, und dass zum Erfolg Neider gehören, das liegt leider in der Natur der Menschen.

Durchhalten, aber wie?

Es wäre alles so einfach, wenn da nicht immer Verführungen lauern würden. Wie oft haben Sie sich vorgenommen, beim Fernsehen keine Chips oder Schokolade zu essen, und doch wird bereits morgen zum großen Greys Anatomy Special die Chipspackung aufgerissen. Dabei hatten Sie doch extra Staudensellerie, Möhren und Kohlrabi eingekauft und auch für einen leckeren Dip aus Joghurt und Knoblauch gesorgt. Leider ist es so, dass sich die Chipspackung schneller öffnen lässt, als das Gemüse geschnitten ist. Sie hatten einen langen Tag, sinken erschöpft auf die Couch, schalten den TV ein und wenn sich der kleine Appetit meldet, dann muss schnell etwas zur Hand sein. Zum Gemüse schneiden haben Sie jetzt keine Energie mehr. Wenn doch die Gemüse-Sticks schon fix fertig im Kühlschrank warten würden, ja dann wäre es wohl kein Problem. Sie haben also die Ursache für das Scheitern erkannt und können nun auch dagegen vorgehen. Morgens stecken Sie noch voll Energie und haben im Handumdrehen das Gemüse zu Sticks verarbeitet. Diese packen Sie nun in einer Tupper-Box in den Kühlschrank, so sind sie auch am Abend noch knackig frisch. Einige Sticks können Sie sich auch mit zur Arbeit nehmen. Auch dort sind die Sticks gesünder als der Schinken-Käse-Toast aus der Kantine oder der Döner. Bereiten Sie auch morgens bereits den Dip zu. Abends brauchen Sie nur mehr die Box öffnen, auf den Tisch stellen und schon ist alles gut. Sie kommen garantiert nicht auf den Gedanken, die Chipstüte zu öffnen oder eine Tafel Schokolade anzubeißen. Vorbereitung und Planung sind hier die Zauberworte. Es darf natürlich nicht nur bei dieser einen Vorbereitung bleiben. Das müssen Sie nun durchziehen. Außer Gemüsesticks finden Sie sicher noch viele andere leckere Rezepte, die sich als gesunde Nahrung für den Fernsehabend eignen. Ob kleine Salat-Wraps, im Ofen gebackene Chips aus Grünkohl und Wirsing oder Cherrytomaten mit Kichererbsen-Aufstrich, erlaubt ist alles was gesund und leicht ist. Wenn Sie dies eine gewisse Zeit durchgezogen haben, dann haben Sie plötzlich abends auch absolut kein Verlangen mehr nach ungesundem Junk Food und auch wenn Sie nichts vorbereitet haben, würden Sie niemals mehr zu Chips, Snips und Co greifen. Dies ist nur ein Beispiel dafür, dass sich Selbstdisziplin lohnt und es nicht so schwierig ist durchzuhalten.

Wichtig ist, dass Sie sich selbst immer motivieren. Und noch wichtiger ist, dass Sie von Ihrem Vorhaben absolut überzeugt sind. Das bedeutet, falls Sie wieder einmal gescheitert sind, gehen Sie zurück zum Anfang dieses Buches. Machen Sie noch einmal die Übungen durch, wie Sie Ihr Ziel finden und hinterfragen. Nur wenn ein starkes Motiv dahinter steht, kann es auch gelingen.

Vergessen Sie nie, dass Sie sich das Ziel in den schönsten Farben und Bildern ausmalen. Ob es das neue Auto ist, dass Sie sich von der Gehaltserhöhung kaufen können, sobald Sie den Kurs abgeschlossen haben oder ob es das tolle Strandoutfit ist, in das Sie im Sommer passen möchten - Sie müssen alles deutlich in Bildern sehen.

Sie müssen auch vom Sinn Ihres Vorhabens überzeugt sein. Es bringt überhaupt nichts, wenn Sie sich vornehmen Vegetarier zu werden und genau wissen, dass Ihnen fleischloses Essen absolut nicht schmeckt.

Überlegen Sie schon vor Beginn Ihres Vorhabens, welche Hürden auf Sie zukommen könnten. So sind Sie am besten gewappnet und können rechtzeitig reagieren. Wer zum Rauchen aufhören möchte wird wissen, in welchen

Situationen die Lust auf den Glimmstengel am größten ist. Überlegen Sie, in welchen Situationen Sie automatisch immer zur Zigarette greifen. Dies werden auch in Zukunft die Momente sein, die Sie am Durchhalten hindern wollen. Ist es der Kaffee nach der Arbeit? Dann trinken Sie in Zukunft Tee und versuchen so, den Automatismus auszuschalten. Ist es beim Telefonieren mit der Freundin? Dann legen Sie sich schon vor dem Telefonat zuckerfreie Bonbons oder Kaugummi zurecht. Ist es der Moment, an dem Sie sich abends gemütlich ein Bier aufmachen? Dann streichen Sie das Bier ebenfalls und trinken Sie Wasser. Das mag anfangs doppelt so hart, aber sehr effektiv sein.

Und wenn ein Rückschlag passiert, Sie zur Zigarette greifen oder der Schokolade nicht widerstehen können, dann sehen Sie dies als Malheur, das unweigerlich passieren muss. Nehmen Sie dies jedoch nicht als endgültiges Zeichen dafür, wieder aufgeben zu müssen sondern sagen Sie sich: "Jetzt erst recht!"

Zum Durchhalten gehören auch die Belohnungen. Wenn Sie eine Woche nicht geraucht haben, belohnen Sie sich doch mit einem Besuch im Spaßbad, im Kino oder mit einer Party Bowling mit Freunden. Wählen Sie die Orte aber clever aus. Es sollten absolute Nichtraucher-Locations sein. Man muss sich ja nicht zusätzlich quälen.

Belohnen Sie sich mit einem schönen Schaumbad oder einem Saunabesuch, wenn Sie sich brav an Ihren Ernährungsplan gehalten haben und laden Sie sich selbst zum Chinesen ein, wenn Sie eine Woche erfolgreich Ihren Kurs absolviert haben. Dies muss nach dem Wenn-Dann-Prinzip funktionieren. Wenn Sie jetzt ordentlich durchhalten, dann gibt es später eine Belohnung.

Ebenfalls leichter durchhalten lässt uns ein strukturierter Tagesablauf. Das bedeutet, Sie erstellen Sich einen detaillierten Plan, vom Aufstehen bis zum zu Bett gehen. Dieser Plan darf keine Lücken enthalten. So kommen nach dem Frühstück, duschen und dem Arbeitsweg die Arbeit, die Mittagspause, die Sie genau planen, der Weg nach Hause und jede einzelne Stunde des Tages. Halten Sie sich auch unbedingt an diesen Plan. Greifen Sie zum Buch, wenn Sie eine halbe Stunde lesen geplant haben und setzen Sie sich mit einem Eiskaffee auf den Balkon, wenn dies in Ihrem Tagesplan notiert ist. Hängen Sie den Plan gut sichtbar auf und haken Sie alle erledigten Aufgaben grün ab. Falls etwas schief gelaufen ist, markieren Sie dies mit einem roten Kreuz. Am Ende der Woche wäre es gut, wenn Sie so wenig rote Kreuze als möglich zählen müssen. Die vorhandenen roten Kreuze geben Ihnen nun wieder die Aufgabe nachzudenken, warum es nicht geklappt hat. Auch wenn ein Wochenplan etwas aufwendig ist, dieser ist eine enorme Unterstützung beim Durchhalten.

Noch wichtiger ist, dass Sie an allem was Sie geplant und sich vorgenommen haben Spaß haben. Das klingt jetzt natürlich absurd, gerade wenn Sie zum Rauchen aufhören wollen oder sich auf Diät gesetzt haben. Doch der Spaß liegt im Detail. Spaß macht es, dass die Wohnung besser riecht, die Wände nicht so schnell vergilben und Sie plötzlich alles besser riechen können und freier atmen. Bei einer Diät macht jedes verlorene Kilo Spaß und Sie freuen sich auf die neuen Klamotten und darauf, auch wieder mühelos den Berg hoch marschieren zu können. Bei einer Ausbildung, einem Kurs macht es Spaß jeden Tag etwas neues zu lernen. Sie müssen nur ganz genau hinsehen und die täglichen Vorteile erkennen.

Sie müssen sich auch täglich vor Augen halten, wie wichtig dieses Ziel für Sie ist. Erinnerns Sie sich auch täglich daran, dass es nicht aus Jux und Tollerei geschieht. Sie hören zu Rauchen auf, weil es Ihrer Lunge besser tut. Sie nehmen ab, weil Sie so die Risiken für Herzinfarkt und Bluthochdruck mindern und Sie gerne auch noch mit den Enkelkindern spielen wollen. Sie machen die Ausbildung, um sich später ein besseres Leben leisten zu können und Sie halten sich an den Haushaltsplan, um aus der Schuldenfalle zu kommen. Es ist immer die Aussicht auf ein besseres, gesünderes Leben und mehr Lebensqualität, die Sie zum Durchhalten animiert. Halten Sie sich immer vor Augen, dass Sie nur mit Selbstdisziplin dies alles erreichen können, und dass es einzig und alleine in Ihrer Hand liegt. Sie alleine sind verantwortlich für das Gelingen oder das Scheitern aller Aktionen.

Was sind intelligente Ziele?

Ein wichtiger Punkt, damit Sie auch durchhalten sind sogenannte intelligente Ziele. Auch hier ist die Voraussetzung, dass Sie sich Ziele setzen und sich anschließend damit auch auseinander setzen. Wenn Sie abnehmen möchten, muss die perfekte Diät gefunden werden. Es ist nicht sinnvoll, eine Eierdiät zu starten, wenn Sie keine Eier mögen, oder Low-Carb zu praktizieren, wenn Sie ohne Kohlenhydrate nicht existieren können.

Der häufigste Fehler wird beim Sport gemacht. Sie entscheiden sich vielleicht fürs Laufen, weil das gerade modern ist, oder schreiben sich im Fitness-Center ein, weil dort die Marketing Strategie perfekt gegriffen hat. Bevor Sie sich jedoch für eine Sportart entscheiden, sollten Sie einen Check-up beim Arzt durchführen lassen. Es bringt nichts, teure Laufausrüstung zu kaufen, nur um eine Woche später festzustellen, dass die Knie dabei nicht mitmachen. Erst wenn körperliche Defizite ausgeschlossen sind, können Sie sich für eine Sportart entscheiden. Diese soll natürlich Spaß machen, sich aber auch in den Alltag integrieren lassen. Es muss eine Sportart sein, die Sie auch wirklich regelmäßig durchführen können. Klettern ist unmöglich, wenn Sie nur einmal im Monat die Möglichkeit haben, eine Bolderwand zu besuchen. Recherchieren Sie im Vorfeld, damit Sie nicht an bösen Überraschungen scheitern.

Feiern Sie sich selbst

Sie brauchen Lob und Anerkennung, zwischendurch, einfach um besser durchzuhalten. Belohnen Sie sich, seien Sie stolz auf sich und transportieren Sie dies auch nach außen. Es darf die ganze Welt wissen, dass Sie an Ihren Zielen und Träumen arbeiten und dass Sie so enorm selbstdiszipliniert sind.

Spüren Sie, dass sich nun etwas Gravierendes in Ihrem Leben ändert. Lernen Sie, dieses neue Lebensgefühl zu präsentieren. Das kann sich in einem absolut neuen Körpergefühl äußern. Verstecken Sie sich nicht länger. Reden Sie mit und lassen Sie Ihrer Meinung freien Lauf. Kommen Sie aus dem Schatten hervor und zeigen Sie sich im Rampenlicht.

Wenn Sie zu den schüchternen Menschen zählen, so kann es manchmal schwer sein, die Euphorie für Ihre Ziele vor anderen Menschen zu zeigen. Hier bringt die Digitalisierung eine große Erleichterung. Legen Sie sich ein Profil bei Facebook oder Instagram an und feiern Sie dort Ihre Erfolge. Posten Sie Bilder, auf welchen Sie sich stolz und voll Freude zeigen. Halten Sie Ihre Erfolge beim Abnehmen fest. Dadurch machen Sie auch anderen Mut und erhalten zusätzlich Motivation und Zuspruch.

Posten Sie Bilder von Ihrer Laufstrecke, Ihren verschiedenen Aerobic Kursen oder Ihren Yoga Übungen. Vielleicht finden Sie so Verbündete und Sie können sich fachmännisch austauschen. Erfahren Sie so von neuen Meditations-Übungen oder tauschen Sie sich über die optimale Musik für den nächsten Marathon aus.

Erzählen Sie anderen stolz, dass Sie gerade die dritte Prüfung erfolgreich abgelegt haben und schon bald in die Geschäftsleitung aufsteigen können. Stoßen Sie mit Freunden darauf an und tanzen Sie vor Freude. Schwärmen

Sie davon, wie gut es tut, nicht mehr zu rauchen, viel Sport zu machen oder jede Woche etwas weniger zu wiegen.

Freilich sollten Sie nicht pausenlos damit angeben und Sie sollten auch so viel Feingefühl haben, wann es genug ist. Doch lassen Sie sich nicht einschüchtern, wenn andere nur mit den Schultern zucken und fragen, was denn großes dabei ist. Erklären Sie, dass es für Sie viel Mut und Selbstdisziplin bedeutet, diese kleinen Schritte erreicht zu haben. Geben Sie ruhig zu, wie sehr Sie dafür gekämpft haben und wie schwer immer noch der tägliche Kampf ist. Lassen Sie sich auch nicht beeindrucken, wenn andere dasselbe Ziel schneller erreichen. Jeder Mensch ist individuelle und ein Unikat. Das Tempo der anderen hat nichts damit zu tun, dass Sie Ihre Sache vielleicht schlechter machen. Es ist lediglich Ihr eigenes Tempo, mit dem Sie Ihre eigenen Ziele verfolgen. Andere verfolgen deren Ziele und Sie verfolgen Ihres.

Ausreden und Lebenslügen

Ausreden, diese sind allen von uns nur zu bekannt und zu gerne werden Ausreden in allen Lebenslagen verwendet. Wir sind nie verlegen um eine Ausrede, warum wir die eine oder andere Aufgabe nicht erledigen können, oder warum irgendetwas schief gelaufen ist. Egal ob im Beruf oder im Privatleben, Ausreden begleiten uns den ganzen Tag. Wenn Sie nun ehrlich darüber nachdenken, es ist eigentlich traurig, oder?

Warum benutzen wir so viele Ausreden? Sind wir zu bequem oder zu feige geworden, oder haben sich ausreden bereits so automatisiert, dass sie ohne nachzudenken über unsere Lippen huschen? Nehmen Sie sich nun die Zeit und gehen Sie der Sache auf den Grunde. Garantiert werden Sie erschüttert sein.

Dazu nehmen Sie wieder ein Blatt Papier und einen Stift, oder Ihr eigens angelegtes Büchlein zur Hand. Dies machen Sie am besten abends und lassen den gesamten Tag Revue passieren. Schreiben Sie nun alle kleinen und großen Ausreden auf, die Sie am heutigen Tag verwendet haben. Auf den ersten Blick werden Sie jetzt vielleicht sagen: "Ich habe keine einzige Ausrede verwendet". Das ist jedoch beinahe ein Ding der Unmöglichkeit, außer Sie haben Ihr Denken und Handeln bereits erfolgreich umgestellt. Dennoch wollen wir nun in vielen Beispielen die Situationen während eines Tages durchgehen, in welchen wir diese Ausreden nur zu gerne verwenden - und wahrscheinlich auch nicht einmal bemerken.

Es beginnt bereits beim ersten Weckerläuten. Sie haben den Wecker extra eine Stunde eher gestellt, damit Sie noch gemütlich Ihr morgendliches Training, Ihre Laufrunde oder die Wiederholung des Lernstoffes absolvieren können. Doch, ein kurzer Blick auf den Wecker, ein Grummeln und schon ist der Schlaf um eine weitere Stunde verlängert. Hier dienen die Ausreden wie, Muskelkater vom Vorabend, Vorhaben diesen Abend länger zu laufen oder zu trainieren oder Lernstoff sitzt bereits perfekt. Diese Überlegung dauert meist keine drei Sekunden und geht schon automatisch. Hier fehlt es eindeutig an Selbstdisziplin. Hierfür gibt es auch keinen Trick. Sie müssen einfach den inneren Schweinehund überwinden.

Doch schon beim Frühstück wartet die nächste Ausrede lachend auf uns. Eigentlich wollten Sie sich doch einen leckeren grünen Smoothie zum Frühstück zubereiten. Doch, ein Blick auf die Uhr und Sie greifen zur Packung Cerealien, schütten Milch in die Schüssel, einen Löffel Zucker und viele bunte Flocken und schon ist das Frühstück fertig. Was sind denn nun die Ausreden, warum es mit dem Smoothie nicht geklappt hat - wieder einmal? Natürlich der Zeitfaktor, weil es ja so lange dauert, die Kiwi zu schälen und zusammen mit dem Apfel, dem Kohl, dem Spargel und dem Ingwer und etwas Tee in den Smoothie Maker zu werfen. Wenn Sie aber ganz ehrlich wären und interessehalber die Zubereitung beider Frühstücks-Arten abstoppen würden, dann käme kaum ein Zeitunterschied heraus.

Die nächste Ausrede ist die Mehrarbeit beim Spülen. Doch, Sie spülen kurz die Schüssel der Cerealien ab und stellen diese in den Geschirrspüler, ebenso geht es mit dem Aufsatz des Smoothie Makers. Selber Aufwand, selbe Arbeit, selbe Zeit. In Wahrheit ist es so, dass Sie einfach keine Lust auf Gesundes haben, und es sich aber nicht eingestehen wollen. Es sieht besser aus und ist auch fürs schlechte Gewissen idealer, wenn nicht die Unlust, sondern ein anderer Faktor für dieses Versagen verantwortlich ist.

Genau darum geht es nämlich bei den Ausreden in Wahrheit. Sie sollen unser Gewissen beruhigen und als Entschuldigung fungieren, immer dort, wo unsere Selbstdisziplin wieder versagt hat.

Weiter geht es zur Arbeit. Sie haben sich vorgenommen, in Zukunft mehr auf den eigenen ökologischen Fußabdruck zu achten. Zur Auswahl stehen Fahrrad, zu Fuß gehen, Bus oder Bahn. Zum gehen sind Sie zu spät dran, fürs Fahrrad ist es zu kühl, die Bahn ist zu überfüllt und der Bus ist gerade vor Ihrer Nase abgefahren. Auch hier gibt es zig Ausreden, die Sie wieder zum Autoschlüssel greifen lassen und schwupp sitzen Sie auch schon in Ihrem gemütlichen Gefährt. Beim ersten Stau und der langen roten Ampelphase ärgern Sie sich zwar wieder, haben die besten Vorsätze für den nächsten Tag, doch auch da wird sich wieder dasselbe Schauspiel abspielen, wenn Sie Ihre Selbstdisziplin nicht besser unter Kontrolle bekommen.

Weiter geht es mit der Arbeit. Sie haben sich extra vorgenommen, achtsam, gleichmütig, selbstbewusst, freundlich und ausgeglichen zu sein. Doch, Sie betreten das Gebäude, zwängen sich noch gerade so in den Aufzug, und da steht sie, die Cruella de Ville der Firma, und blickt Sie von oben herab an. Sie spüren genau, was der Blick sagen will und die Frage: "Na, gestern wieder spät geworden?" macht die Sache nicht besser. Sie spüren, wie es zu brodeln beginnt, verkneifen sich noch eine spitze Antwort, planen jedoch in Gedanken bereits, wie Sie der ungeliebten Kollegin eine Retourkutsche verpassen können. Als Ausrede haben Sie ein "Sie hat angefangen, oder ein ich wurde provoziert" parat. Wenn Sie gleichmütig und selbstbewusst sind, prallt jedoch alles an Ihnen ab und Sie können mit einem freundlichen und aufrichtigen Lächeln antworten. Dies ist natürlich schwer und es gehört Selbstdisziplin dazu, sich nicht immer sofort rächen zu wollen. Für Ihren Körper, geist und Seele ist es jedoch besser. Atmen Sie tief durch, stellen Sie sich vor Sie lächeln Ihre beste Freundin an und zeigen Sie der verhassten Kollegin auf die schönste Art der Welt die Zähne.

Die Ausreden ziehen sich weiter durch den Tag wie ein roter Faden. Ob der ungesunde Lunch, weil der Fast-Food Laden näher oder billiger ist als das Bistro, welches gesunde Salate serviert, ob die vorgeschobene Arbeit, nur um nicht der Kollegin einen kleinen Gefallen tun zu müssen oder der wichtige private Termin, der Sie hindert Überstunden zu machen.

Ausreden sind nichts anderes als Lügen. Und lügen verpesten unseren Geist. Versuchen Sie also mit Nachdruck, diesen an die Pelle zu rücken. Die benötigte Selbstdisziplin ist in den meisten Fällen gar nicht so enorm. Oft ist es nur ein kleines bisschen Faulheit und Bequemlichkeit, die Sie überwinden müssen.

Diese Ausreden zeugen nicht nur von wenig Selbstdisziplin, mit manchen dieser Ausreden können Sie sogar Menschen ordentlich verletzen. Auch wenn diese Menschen nicht unbedingt die Lüge hinter den Ausreden entlarven, so kann es doch sehr verletzlich sein, dass Sie immer für alles andere mehr Zeit haben. Bei diesen Ausreden spricht man von sogenannten Lebenslügen.

Eine Lebenslüge ist mehr als nur eine Ausrede, sondern eine komplette Selbsttäuschung. Es handelt sich hier nicht mehr um ein kleines Flunkern oder Schwindeln und es kann in Folge, zu schwerwiegenden Konsequenzen kommen. Dabei ist es noch harmlos, wenn Sie stets eine Ausrede haben, sobald Sie Ihre Großmutter um einen besuch bittet. Doch auch hier sollten Sie etwas nachdenken und Ihre Bequemlichkeit überwinden. Auch wenn Sie sich dieselben Geschichten immer wieder anhören müssen, und wenn die alte Dame schon etwas sonderbar wird, diese Person war einst für Sie da, als Sie noch Brei spuckten und in die Windeln machten. Seien Sie so diszipliniert und geben Sie etwas von der Liebe und Dankbarkeit zurück.

Lebenslügen sind Lügen, die aus Bequemlichkeit, Angst, Profitsucht, Profiliersucht oder Feigheit geplant werden. Um sich von diesen Lebenslügen zu befreien gehört schon etwas mehr Mut und Selbstdisziplin als nur eine kleine Ausrede wieder gut zu machen. Das kann die Lüge beim Einstellungsgespräch sein, das Fälschen der Lebenslaufs, das Schwindeln über die finanzielle Situation beim Beginn einer neuen Partnerschaft oder das Vorspielen falscher Tatsachen in so vielen Bereichen des Lebens.

Ständig müssen Sie auf der Hut sein, dass diese Lebenslüge nicht aufgedeckt wird. Das zehrt nicht nur an den Nerven, sondern prägt auch Ihr gesamtes verhalten und Ihren Charakter. Es bedarf einer großen Portion Selbstdisziplin, sich diesen Lügen zu stellen. Voran natürlich Mut und Einsicht. Doch gerade diese Lebenslügen sollten Sie auflösen, um ein freies und selbstbestimmtes, glückliches leben zu führen. Denken Sie immer daran, eine Lüge zieht die nächste nach sich und bald sind Sie in einem dichten Dschungel verstrickt, aus dem Sie sich so schnell nicht mehr befreien können.

Doch wie gelingt es, dass Sie sich von eingefahrenen Lebenslügen befreien können? Zuerst müssen Sie für Sicherheit sorgen. Sie müssen selbstsicher werden und sich von Ängsten befreien. Sehen Sie der Wahrheit ins Gesicht und haben Sie keine Angst vor der Wahrheit. Spielen Sie die Worst-case Szenarien durch. Sie werden erkennen, dass die Wahrheit meist halb so schlimm ist, es dafür eine enorme Entlastung ist, wenn diese endlich ans Licht kommt.

Lernen Sie, nicht immer den einfachen und gemütlichen Weg zu gehen. Auch wenn die Wahrheit oft komplizierter ist und eine Lüge oder auch nur eine Ausrede handlicher wirken, auf Dauer sind Sie immer mit der Wahrheit besser bedient. Verabschieden Sie sich von dem

Gedanken, dass die Wahrheit grausam ist. Suchen Sie sich Trost in harter Arbeit, in Zielen und in Erfolgen. Lügen sind kein tröstlicher Hafen.

Zeigen Sie sich selbstbewusst. Sie müssen sich für nichts schämen. Sie müssen keine schöne Welt kreieren in der Sie glänzen können. Wenn Sie sich zeigen so wie Se sind, aufrecht und ehrlich, so ist dies schön genug. Sie sind genug, so wie Sie sind.

Verleugnen Sie nicht länger, dass Sie etwas unternehmen müssen. Dass Sie aktiv sein sollen und Ausreden und Lügen alles nur verzögern, aber nicht endgültig lösen, sollten Sie nie vergessen.

Vergessen Sie auch nie, dass Sie kein Opfer sind, wenn Sie es nicht selbst zulassen. Niemand kann Sie provozieren, ärgern oder herausfordern, wenn Sie es nicht zulassen. Übernehmen Sie die Zügel Ihres Lebens und erkämpfen Sie sich die Kontrolle zurück. Verabschieden Sie sich von Schuldzuweisungen. Es ist natürlich bequem, nie an etwas Schuld zu sein, bringt Sie jedoch nicht voran. Denken Sie nur daran, wie mühsam es ist, wenn im Betrieb etwas schief gelaufen ist, und keiner will die Verantwortung dafür übernehmen. Der verlorene Schlüssel, den keiner gehabt hat, die zerbrochene Fensterscheibe, für die keiner verantwortlich ist und die falsche Abrechnung, die niemand gemacht haben will sind nur einige Beispiele dafür, wie Feigheit zu Aufruhr am Arbeitsplatz führt.

Wenn diese Situationen, eine oder mehrere, Ausreden oder Lebenslügen, immer noch häufig bei Ihnen vorkommen, dann wäre es am besten, Sie beginnen das Buch noch einmal von vorne zu lesen und versuchen alles auch umzusetzen. Denn auch bei der Selbstdisziplin ist es so, dass lesen und wissen alleine nicht reicht.

Lügen und Ausreden in den Medien - erkennen für mehr Selbstdisziplin

Immer wieder lesen wir diese bunten Magazine, die mehr oder weniger journalistisch oder wissenschaftlich abgehandelt werden. Wir lieben diese Geschichten und neuen Erkenntnisse und ganz besonders solche, die uns zusätzlich in unserer Bequemlichkeit und Faulheit unterstützen.

Immer wieder erfahren wir durch Umfragen und neuen Studien, dass Selbstdisziplin eigentlich gar nicht wichtig ist. Menschen ohne Disziplin sind glücklicher, diese Thesen lassen alle aufatmen, die sich gerne auf die faule Haut legen. Doch was steckt dahinter? Ist es nur eine Manipulation der breiten Masse, eine gute Marketing Strategie der Medien, weil die breite Masse mit komfortablen News besser erreicht werden kann? Sind solche Beiträge Online ein gieriges Einheimsen und Sammeln von Klicks? Meist werden von solchen Artikeln nur die Überschriften und vielleicht die ersten Absätze gelesen, weiter dringt kaum jemand vor. Doch das wäre so wichtig.

Nehmen Sie sich die Zeit und lesen Sie sich auch Artikel durch, die diese Thematik behandeln. Und zwar von Anfang bis zum Schluss. Bald werden Sie dahinter kommen, dass auch hier am Ende des Tages alles auf Selbstdisziplin zurückzuführen ist. Bei der Recherche nach diesem Buch wurden vielleicht hunderte dieser Artikel gegen Selbstdisziplin gelesen und studiert. In 90 Prozent aller Artikel lief es darauf hinaus, den Menschen das Gefühl von weniger Zwang zu geben. Dies schafft man ganz einfach, indem die harten und oft sehr strikten Worte für unsere Tugenden einfach sanft umschrieben wurden. Statt Selbstdisziplin spricht man von dem Willen, etwas seinen Träumen und Wünschen nach zu verwirklichen. Sehen Sie jetzt ganz genau hin. Im Endeffekt handelt es sich hier genau um die eigentlich verteufelte Selbstdisziplin nebst den Anweisungen für die ersten Schritte, diese zu erreichen.

Auf diese Art können Sie alles im Leben umschreiben, damit es für unsere Ohren lieblicher oder einfacher klingt. Die Wahrheit ist und bleibt jedoch, dass Sie nur mit Disziplin, Ordnung, Aufrichtigkeit, Wahrheit, Willen und Stärke etwas erreichen können. Wie Sie es dabei gerne benennen, bleibt Ihnen selbst überlassen. Hauptsache ist, dass Sie auf einen geordneten und strukturierten Weg im leben finden.

Vom Glück über Veränderung

Ob nun Menschen mit viel Selbstdisziplin glücklicher sind, oder ob glückliche Menschen automatisch disziplinierter werden, das ist vielleicht auch ähnlich der berühmten Frage nach der Henne und dem Ei. Ein wichtiger Punkt, der Ihnen ebenfalls zu mehr Glück verhelfen kann ist die Veränderung. Auf diese wollen wir nun auch etwas intensiver eingehen. Da alles zusammenhängt und verbunden ist wie eine Blockchain, sollte man diese einzelnen Bausteine nicht außer acht lassen.

Doch zuerst sollten Sie für sich persönlich definieren, was Glück bedeutet. Natürlich ist Gesundheit ein großes Glück. Die Familie, Partner, Kinder, Beruf, Geld, Statussymbole und vieles mehr können hier auf der Liste landen. Schreiben Sie ruhig auf, was Glück für Sie bedeutet. Die Liste kann beliebig lange sein. Danach bewerten Sie wieder, wie sehr Sie dieses Glück jeweils schon erreicht haben. Punkte können Sie im Schulnotensystem vergeben. Wenn Sie im Bereich Liebe sehr glücklich sind, dann erhält Liebe eine Eins.

Nun wenden Sie sich jenen Punkten zu, die nicht so gut abgeschnitten haben. Dies sind jene Punkte bei welchen Sie die Veränderung zum Glück führen soll. Die erste Frage ist, warum sind Sie in diesem Bereich nicht so glücklich. Was wünschen Sie sich? Was läuft falsch?

Beginnen wir mit der Gesundheit. Dafür, dass Sie gesund sind und bleiben, können Sie eine Menge beitragen. Nur müssen Sie dazu vielleicht, oder sogar sicher, Ihre Lebensumstände ändern. Rauchen und trinken Sie? Dann wissen Sie auch schon, wo Sie zum Beispiel ansetzen können. Leiden Sie ständig unter Migräne? Lesen Sie sich zu diesem Thema ein. Es gibt unzählige natürliche Tipps und Tricks gegen diese Beschwerden. Ob grüne Äpfel, viel Frischluft oder der Verzicht auf spezielle Lebensmittel wie Parmesan und Rotwein können Sie einen Schritt in Richtung Genesung bringen. Sie müssen nur aktiv werden. Sie müssen erkennen, was Ihnen zum Glück fehlt und selbst etwas dafür tun. Beklagen Sie sich nicht ständig über Sodbrennen auf der einen Seite, wenn Sie auf der anderen Seite die Finger nicht von Schweinebraten und Co lassen können und nicht darauf achten wollen, sich basisch zu ernähren. Gerade im Bereich Gesundheit können Sie so viel mehr zum eigenen Glück beitragen, als nur regelmäßig den Arzt aufzusuchen. Seien Sie sich dessen bewusst, dass das Glück in Ihren Händen liegt. Sie müssen jedoch diese Hände auch benutzen.

Etwas komplizierter wird es schon, wenn Sie bei der Arbeit nicht wirklich glücklich sind. Hier müssen wir tiefer in die Materie hineinbohren. Was genau macht Sie unglücklich? Ist es das Gehalt? Sind es die Kollegen? Ist es der Aufgabenbereich? Fühlen Sie sich unter- oder überfordert oder macht dieser Job generell längst keinen Spaß mehr? Wenn Sie dies herausgefunden haben, sind Sie schon ein gutes Stück weiter. Viele jammern nur über den Job, wissen jedoch nicht konkret, was sie gerne verändern würden.

Gehaltsverhandlungen liegen in Ihrer Hand. Achten Sie darauf, dass Sie sich gut darauf vorbereiten, bevor Sie den Boss um ein Gespräch bitten. Haben Sie alle Fakten im Kopf und bringen Sie fundierte Gründe vor, warum Sie tatsächlich mehr verdienen sollten. Seien Sie während des gesamten Gesprächs diszipliniert, höflich und sachlich. Vergessen Sie nicht, Ihre Vorzüge zu betonen, bleiben Sie jedoch realistisch.

Sprechen Sie Probleme mit Kollegen direkt an. Suchen Sie dafür stets das Gespräch unter vier Augen. Sicher, es ist unbequem, ehrlich auf jemanden zuzugehen und Probleme anzusprechen, doch nur so lassen sich diese auch aus der Welt schaffen. Bemühen Sie sich um ein diszipliniertes Gespräch und erwähnen Sie jene Punkte, die Sie so stören, oder die für Sie unerträglich sind. Ob es der Tratsch ist, das schlampige Arbeiten oder der ungehobelte Ton - bringen Sie alles auf den Tisch und versuchen Sie alles zu klären. Oft wissen Kollegen nicht, wie nervend Ihre Geschichten sind, die Sie ungefragt jedem erzählen. Manche Menschen verwenden einfach einen ruppigen Ton, ohne sich bewusst zu sein, wie verletzend dies sein kann. Und eventuell wird es Ihnen die Kollegin danken, wenn Sie dank Ihnen ebenfalls mehr Disziplin lernt und es kehr wieder Ordnung ins Büro ein.

Sprechen Sie mit dem Chef über die Aufgabenverteilung. Zeigen Sie, dass Sie mehr können und dass Sie durchaus fähig sind, diese Mehraufgaben zu übernehmen. Doch auch hier ist es wichtig, dass Sie die Initiative übernehmen und sich beweisen. Es nutzt nichts, nur zu sagen, dass Sie nicht mehr nur niedrige Dienste verrichten wollen. Sie müssen zeigen, dass Sie auch mehr draufhaben. Hier zählen die Taten und nicht die Worte.

Doch auch wenn Sie heillos überfordert sind, müssen Sie dies ansprechen, sofern Sie es verändern möchten. Sagen Sie nein zu den vielen Überstunden, nein zu den Aufgaben, für die Ihnen die Ausbildung fehlt und nein zu den Kollegen, die ständig Ihren Papierkram bei Ihnen ablegen. Bitten Sie um eine dementsprechende Ausbildung, um der Arbeit gewachsen zu sein, und sprechen Sie das Thema weitere Teilzeitkraft bei Ihrem Boss an, um Sie selbst zu entlasten. Oder verlangen Sie eine angemessene Entlohnung.

Auf jeden Fall müssen Sie die Initiative ergreifen. Jammern Sie nicht über Chef und Job, ohne etwas zu unternehmen. Sie machen sich lächerlich vor all Ihren Freunden und Bekannten, wenn Sie jahrelang über Ihre ach so bescheidene Arbeit wüten, ohne etwas zu ändern. Wenn es wirklich so schlimm ist, unternehmen Sie etwas. Wenn Sie nichts unternehmen sind Sie entweder Masochist, dumm, oder sehen sich einfach gerne in der Opferrolle. Wenn Sie jedoch auf Dauer nur leiden, laufen Sie in Gefahr, richtig krank zu werden. Auch viele Probleme im Alltag ließen sich verhindern, wenn auf Arbeit alles passt. Gerne nimmt man die Unzufriedenheit vom Arbeitsplatz mit nach Hause. Darunter leiden dann alle anderen. Häufig werden sogar Aggressionen, die sich eigentlich gegen Job oder Chef wenden, auf den Partner projiziert. Dass dabei der Ärger vorprogrammiert ist, liegt auf der Hand.

Mit einer unglücklichen Beziehung verhält es sich ähnlich wie mit einer unpassenden Arbeitsstelle. Wer hier nicht die Initiative ergreift, geht über lang oder kurz unter. Es kann an so vielen Punkten hapern, und so viele Aspekte können Schatten auf eine ansonst perfekte Beziehung werfen. Es kann an den unterschiedlichsten Stellen zwicken. Sei es finanziell oder auf der erotischen Ebene. Aber auch Eifersucht, Kontrollzwang, Unordentlichkeit, Unehrlichkeit, Unzuverlässigkeit oder übermäßige Dominanz können zu massiven Problemen in der Partnerschaft führen. Zerlegen Sie nun Ihre Beziehung und Überlegen Sie, welche Punkte in der Partnerschaft Sie absolut glücklich machen, und wo Sie unzufrieden sind.

Es kostet Mur und Überwindung das Thema Finanzen anzusprechen. Häufig wird in Beziehungen dieses Thema gerne unter den Teppich geschoben. Einer der Partner ist für die Finanzen verantwortlich und verheimlicht oft bis zum bitteren Ende die tatsächliche Sachlage. Rechnungen werden versteckt, Anrufe der Bank nur heimlich angenommen und Ausreden für nicht abgebuchte Aufträge gesucht. Dabei sollten Sie gerade hier Ihrem Partner vertrauen. Es ist unmöglich, Geld zu sparen, wenn der Partner nicht weiß, dass dies unbedingt nötig wäre. Sie können den Gürtel noch so eng schnüren, wenn der Partner immer noch denkt, es sei alles Geld der Welt verfügbar. Legen Sie die Fakten auf den Tisch, besprechen Sie die Sachlage gemeinsam und planen Sie gemeinsam. Halten Sie sich gemeinsam an einen zusammen entwickelten Sparplan. Hier ist es wichtig, dass beide Partner mit Selbstdisziplin an die Sache heran gehen. Doch alles kann nur erreicht werden, wenn Sie das Thema offen und ehrlich ansprechen.

Es kann alles perfekt sein. Sie haben ein schönes Haus, führen eine liebevolle Beziehung und haben auch keine finanziellen Sorgen. Doch wenn es im Bett nicht klappt, dann nagt etwas an Ihrer Beziehung. Auch dieses Thema wird gerne tot geschwiegen. Vielen ist es peinlich, oder sie möchten keine schlafenden Hunde wecken. Doch worauf wollen Sie warten? Darauf, dass der Partner doch eines Tages nach Befriedigung außerhalb des heimischen Schlafzimmers sucht? Egal ob er oder sie keine Lust mehr auf Sex hat - das Thema muss besprochen werden. Sachlich und voller Liebe, jedoch konsequent, ernsthaft und respektvoll. Oft sind es nur Kleinigkeiten an denen es liegt. Diese können schnell beseitigt werden. Vielleicht sehnt sich die Partnerin einfach nur nach etwas mehr Zärtlichkeit und würde dann gerne auch wieder mit Ihnen schlafen. Vielleicht stecken auch Vorlieben dahinter, über die Sie vorher noch nie gesprochen haben. Manches Mal finden Sie vielleicht den Partner nicht mehr so attraktiv, weil er etwas zu dick geworden ist. Wenn dies die Ursache ist, dass das erotische Knistern erloschen ist, sollten Se das ebenfalls klären und gemeinsam an eine Veränderung denken. Nur wenn Sie sich zuhören und auch verstehen, können Sie so heikle Themen wie Sexualität rasch und unkompliziert besprechen und klären. Nur so kann es zu einer Veränderung kommen, die mehr Glück in Ihrem gemeinsamen Leben bedeutet.

Ist einer der beiden Partner extrem eifersüchtig, kann dies die Beziehung enorm belasten. Doch auch dieses Thema muss besprochen werden. Doch hier sollten Sie behutsam an die Sache heran gehen. Häufig ist es der Fall, dass Sie über Eifersucht sprechen, sobald es akut zu einem Zwischenfall gekommen ist. Dies ist jedoch eher kontraproduktiv, da zu viele Emotionen im Spiel sind und die Situation aufgeheizt ist. Es gehört viel Selbstdisziplin dazu, nicht auszuflippen, wenn der Partner schon wieder eifersüchtig das Verzeichnis im Telefon kontrolliert oder den Chat auf Facebook verfolgt. Ebenso viel Selbstdisziplin müssen eifersüchtige Menschen auch aufbringen dies nicht zu tun. Setzen Sie sich zusammen, reden Sie über alle Punkte, die Ihnen in den Sinn kommen. Warum versteckt ein Partner ständig sein Telefon? Warum telefoniert der eine Partner dem anderen ständig hinterher und verlangt für jede Minute der Abwesenheit ein bestätigtes Alibi? Woher kommt der Mangel an Vertrauen? Klären Sie dies und halten Sie sich in Zukunft mit viel Selbstdisziplin an die Lösungen, die Sie gemeinsam gefunden haben. Eine Beziehung verläuft viel entspannter, wenn niemand etwas vor dem anderen verstecken muss. Sie können viel glücklicher gemeinsam leben, wenn Sie nicht ständig ein schlechtes Gewissen haben, weil Sie Ihrem Partner schon wieder hinterher spioniert haben.

Eng mit Eifersucht ist auch der Kontrollzwang verbunden, geht jedoch darüber hinaus. Oft handelt es sich hier auch um einen Partner mit toxischer Selbstdisziplin, die sich in zwanghaftes Verhalten verwandelt hat. Sie müssen nicht ständig kontrollieren, ob der Partner auch wirklich den Deckel der Toilette geschlossen hat, oder genau 5 Minuten die Zähne bürstet. Viele leiden still unter diesem

Kontrollzwang, bis es eines Tages nicht mehr geht und die Beziehung vermeintlich von heute auf morgen vor dem Scheitern steht. Kontrollzwang ist häufig eine Unsicherheit, die dadurch überspielt wird. Vielleicht ist Ihr Partner froh, wenn Sie dies endlich ansprechen und gemeinsam daran arbeiten. Auch wenn bei Diskussionen und Gesprächen dieser Art einige gespannte Tage zu erwarten sind, im Endeffekt aber läuft alles auf eine bessere Zeit hinaus.

Unordentlichkeit ist häufig ein Thema, das zwar lächerlich klein scheinen mag, die Betroffenen jedoch zur Weißglut bringen kann. Nur wenn Sie es nie ansprechen, dass Sie innerlich vor Zorn beben, wenn Sie tagtäglich die Käsesocken des geliebten Partners vom Boden aufheben und in den Wäschesack verfrachten, wird er es nie wissen. Der Partner macht dies in der Regel nicht extra oder in böser Absicht. Es ist ihm schlicht und endlich egal und meist hätte er auch kein Problem Ihre Socken am Boden zu sehen und zum Waschen in die Maschine zu stecken. Nur, wenn Sie hier den Mund nicht sofort aufmachen, dann kann diese Sache eskalieren und richtig schmutzig werden. Mit einem vernümftigen Gespräch kann aber das Verhalten des Partners geändert werden und diese Veränderung bringt das Glück zurück in die Beziehung.

Anders sieht es mit Themen wie Unehrlichkeit und Untreue aus. Egal auf welcher Seite Sie sich befinden, ob Sie der unehrliche und untreue Part oder der betrogene und belogene Partner sind, in einer Beziehung unter diesem Stern lässt es sich nicht glücklich leben. Sprechen Sie die Lügen an und überlegen Sie gemeinsam, ob diese sich verzeihen lassen. Auch wenn eine Beziehung dadurch endet, denken Sie immer daran dass ein Ende mit Schrecken besser ist als ein Schrecken ohne Ende.

Das gesamte Leben ist Veränderung und nichts ist für die Ewigkeit in Stein gemeißelt. Auf dem Weg zum Glück müssen Sie diese Veränderung in Kauf nehmen. Und nur wenn Sie glücklich und ausgeglichen sind, können Sie selbstbewusst und selbstdiszipliniert leben. Sie müssen akzeptieren, dass Veränderung zur Entwicklung dazu gehört.

Es ist nicht gesagt, dass Sie für ewig am selben Ort leben, derselben Arbeit nachgehen und mit demselben Partner zusammen leben. Versuchen Sie die vielen Möglichkeiten, die sich bieten, aus den unterschiedlichsten Blickwinkeln sehen. Auch wenn Sie akut nichts ändern müssen oder wollen, so ist es doch wichtig zu verstehen, dass veränderung absolut normal und nichts tragisches ist.

Durch Veränderung machen Sie neue Erfahrungen, die Ihnen sonst verwährt geblieben wären. Diese neuen Erfahrungen geben Ihnen Kraft, Mut und Energie. Diese benötigen Sie um auch in Ihrer Selbstdisziplin gestärkt zu werden. Durch neue Erfahrungen wird Ihnen zusätzlich Freude geschenkt und Sie erfahren viele neue positive Dinge.

Veränderung zulassen und doch die eigene Mitte nicht verlieren

Bei aller Veränderung ist es jedoch wichtig, dass Sie sich selbst nicht verlieren. Vielleicht haben Sie das letzte Kapitel gelesen und sich gedacht: "Ja, das spricht mich total an, das mit der Veränderung passt perfekt zu meiner sprunghaften Art."

Doch genau dies ist mit Veränderung nicht gemeint. Es soll keine Animation dazu sein, die Meinung zu wechseln wie die Unterwäsche und sich im Wind zu drehen wie eine Fahne an der Ostsee. Das schaffen Sie jedoch nur, wenn Sie einen stabilen Charakter haben und selbstsicher sind. Es ist wichtig, dass Sie wissen, wer Sie sind und wo Sie im leben stehen. Dann macht es auch nichts, wenn Sie Ihren Lebensmittelpunkt von A nach Z verlagern, den Job wechseln und auch eine Veränderung in der Partnerschaft wirft Sie dann nicht aus der Bahn.

Veränderungen sollten Sie demnach auch nicht der Veränderung wegen durchziehen. Es sollten die eigenen Wünsche und Ziele sein, die Sie zu diesen Veränderungen motivieren. Wenn eine Veränderung entgegen Ihren Wünschen stattfindet, werden Sie schnell merken, dass alles sehr anstrengend und mühsam werden kann.

Für die Veränderungen sollten Sie auch immer einen wichtigen Aspekt miteinbeziehen. Wollen oder müssen Sie sich verändern? Vergessen Sie niemals, dass es Ihr Leben ist, um das es sich handelt. Daher sollten die Veränderungen auch von Ihnen aus gehen. Sonst kann es schnell vorkommen, dass Sie Ihr Leben nicht mehr selbst leben. Wenn Sie dann das Leben der anderen leben, werden Sie schnell bemerken, dass es unmöglich ist, irgendetwas mit Selbstdisziplin durchzuführen. Sie sind zum Spielball oder zur Marionette geworden und funktionieren anstatt zu handeln.

Veränderung 2.0 - der Wandel des Bewusstseins

Unser Bewusstsein ist es, das uns handeln lässt. Es ist verantwortlich, wie wir zu vielen Aspekten des Lebens stehen und wie wir die Umwelt wahrnehmen. Es ist verantwortlich für unsere Überzeugung und dadurch auch veränderbar.

Vor Jahren waren Sie vielleicht Allesesser und sind durch einige Recherchen, Dokumentationen und Erlebnisse zum Vegetarier oder Veganer geworden. Ihr Bewusstsein für eine gesunde Ernährung hat sich verändert. Das bedeutet jedoch nicht, dass Sie sich auf dem einzigen allgemein richtigen Weg befinden. Es ist lediglich der für Sie perfekte Weg.

Wenn sich Ihr Bewusstsein verändert, dann steht häufig eine Sehnsucht dahinter. Meist verspüren Sie eine

Sehnsucht nach Harmonie, Frieden, Liebe und Glück. Sie versuchen, den inneren Frieden zu finden und fokussieren sich auf mehr Achtsamkeit. Sie handeln spontaner aus dem Herzen heraus und versuchen, andere Menschen nicht zu verletzen.

Durch die Bewusstseinsänderung erfahren Sie, was Ihnen noch zu Ihrem Glück fehlt. Vielleicht ist es genau die perfekte Situation, nun eine Weiterbildung zu beginnen, da Sie erkennen, die mangelnde Ausbildung war der Bremsklotz an Ihrem Bein. Sie übernehmen nun endlich Verantwortung für Ihr eigenes Leben und handeln endlich, anstatt immer nur inaktiv und passiv zu sein. Sie erkennen die wirklich wichtigen Dinge im Leben, die Sie weiter bringen. Sie lassen sich nicht mehr von Nebensächlichkeiten ablenken und richten die Aufmerksamkeit auf Ihre eigenen Prioritäten. Dadurch können Sie eigene Visionen entwickeln und diese auch in Taten umsetzen.

Praxis-Guide für ein besseres Selbstmanagement

Bisher haben wir auf dem Weg zu mehr Selbstdisziplin sämtliche Ebenen behandelt. Wir sind auf die Gefühlsebenen eingegangen und haben Ihnen auch für sämtliche Szenarien verschiedene Beispiele geboten. Wichtig ist dabei, dass Sie wirklich erkennen können, worauf es dabei ankommt und dass Sie sich in den einzelnen Szenen auch tatsächlich selbst erkennen. Zuletzt fehlen eigentlich nur mehr die kleinen Tipps und Tricks rund um das Thema Selbstmanagement. Mit diesem kleinen Praxisguide wird es Ihnen einfach gemacht, sich selbst zu kontrollieren und Selbstdisziplin und Selbstmanagement in Ihren Alltag zu integrieren.

Selbstmanagement bedeutet nichts anderes, als Ihr Leben in geordnete Bahnen zu lenken. Es ist eine Hilfe für Sie, die Zeit besser einzuteilen und Ziele dadurch schneller und effektiver zu erreichen. Viele Menschen verfallen in Depressionen oder schlittern ins Burn-out, da einfach diese Strukturen fehlen. Auch jedes Suchtverhalten ist auf mangelndes Selbstmanagement zurückzuführen.

Machen Sie nicht den Fehler und assoziieren Sie Selbstmanagement damit, noch mehr Aufgaben zu übernehmen. Selbstmanagement ist dazu da, Sie zu entlasten. Dazu ist es wichtig, dass Sie alle Dinge, die Sie zu erledigen haben aufschreiben. Ja, es stimmt schon, Se müssen zu Beginn wirklich viele Listen schreiben und Protokolle führen, doch das bedeutet nicht, dass Sie diese bis an Ihr Lebensende führen müssen. Mit der Zeit geht dies so in Fleisch und Blut über, dass vielleicht nur mehr

Stichworte in Ihrem Kalender genügen. Viele aber führen diese Listen und Pläne konsequent immer. Einfach, weil Sie ein Stück Sicherheit verleihen.

Schreiben Sie alle Aufgaben des Tages auf. Beginnen Sie mit trivialen Dingen wie Frühstück, Sport und notieren Sie sämtliche Aufgaben, die Sie am Arbeitsplatz erwarten. Wichtig ist, dass Sie hier auch sofort die veranschlagte Dauer der einzelnen Aufgaben dazu notieren. Hier achten Sie darauf, dass Sie ausreichend Zeit einplanen.

Zwischen den einzelnen Aufgaben müssen zwingend immer Puffer eingetragen werden. Dies ist kein Leerlauf, sondern schützt Sie davor, von unvorhergesehenen Ereignissen überrascht und überfordert zu werden.

Kontrollieren Sie nun den Plan. Ist alles realistisch? Haben Sie auch de zeit richtig geplant? Spätestens jetzt erkennen Sie, warum Sie bis jetzt immer nur gestresst waren, denn für die Aufgaben müsste der Tag mindestens 30 Stunden haben. Nun beginnen Sie zu streichen. Fragen Sie sich, wie dringend die einzelnen Aufgaben wirklich sind. Welche können verschoben, oder sogar ersatzlos gestrichen werden?

Diese To-do Liste kostet Sie am Anfang etwas mehr Zeit. Sehen Sie diese Arbeit jedoch nicht als zusätzliche Bürde sondern setzen Sie sich ganz entspannt hin. Machen Sie Musik oder zünden Sie Duftkerzen an. Sorgen Sie für eine angenehme Atmosphäre. Das verfassen des Plans soll nicht eine zusätzliche Belastung sein. Sie können die To-do Liste auch am Computer verfassen. Oder Sie besorgen sich eine abwaschbare Pinwand, oder Sie greifen auf Papier und Bleistift zurück. Wählen Sie die Methode, die Ihnen am sympatischsten ist.

Bei dem Punkt die Aufgaben zu streichen können Sie auch sofort überlegen, welche Aufgaben Sie delegieren können. Vom Staubsaugen oder Müll wegbringen bis zum

Akten ablegen oder Post sortieren können viele der Aufgaben auch an andere weiter gegeben werden.

Zuletzt kategorisieren Sie die Aufgaben in drei Sparten. Streichen Sie die wirklich wichtigen Aufgaben rot an. Sie erkenne dann sofort, dass diese nicht zu verschieben sind. Danach sind Aufgaben mit mittlerer Dringlichkeit zu markieren und zuletzt jene, die eventuell auch am nächsten Tag erledigt werden können.

So gestalten Sie nun die nächsten Tage. Am besten wäre, jeweils einen Plan für eine ganze Woche zu gestalten. Am Ende jedes Tages gehen Sie den Tagesplan kurz durch und haken alle erledigten Termine ab. So erkennen Sie sofort, ob Sie eine Aufgabe übersehen, vergessen oder einfach nicht geschafft haben. Diese unerledigten Termine müssen nun natürlich noch untergebracht werden. Haben Sie einen Termin übersehen, überlegen Sie, ob dieser nicht tatsächlich gestrichen werden kann.

Ein Tipp für die Gestaltung: Versuchen Sie immer, die unangenehmen Aufgaben sehr zeitig anzusetzen. Sie werden eine Erleichterung spüren, wenn die Aufgaben erledigt sind und nicht wie üblich, den ganzen Tag vor sich hergeschoben werden. Weiter ist wichtig, dass Sie immer einen Platzhalter frei haben, für Termine, die Sie vom Vortag zu erledigen haben. Wenn Sie diese nicht einplanen, wird es ein ewiges Geschiebe und Getausche. Für diesen Platzhalter können Sie sich eine Alternative vermerken, oder, falls Sie keinen Termin einfügen müssen, dafür nutzen, sich etwas auszuruhen.

Für Ihr Selbstmanagement benötigen Sie Struktur in allen Lebensbereichen. Dafür spielt auch Ordnung eine große Rolle. Versuchen Sie, sämtlichen Räumen Ihres Zuhauses eine klare Struktur zu geben. Beginnen Sie in der Küche und sortieren Sie Ihre Schränke mit den Vorräten. Füllen Sie sämtliche Kräuter und Gewürze in Gläser und beschriften Sie diese gut sichtbar. Auch Mehl, Körner, Reis

und andere Trockenware sollten Sie in gu
Gläser füllen. Sortieren Sie aus und befreien
längst abgelaufenen und nicht mehr zu
Waren. Es sollen keine offenen Tüten und
herumstehen. Auch der Kühlschrank hat sich eine akribische Reinigung verdient. Vergessen Sie auch nicht, den Schrank mit den Putzmittel ordentlich zu sortieren. Leere Flaschen und Verpackungen die auslaufen, nicht verwendete Mittel und ähnliches sollten Sie aussortieren.

Weiter geht es mit dem Büro, dem Schlafzimmer und vor allem mit den Kleiderschränken. Gehen Sie rigoros vor und sortieren Sie gnadenlos aus. Trennen Sie sich von allem, das Sie nicht mehr benötigen. Das unnötige Horten von Dingen ist eine zusätzliche Belastung. Ob es der Bücherschrank ist oder das Regal mit den Nippes, trennen Sie sich von Dingen, an denen Sie nicht emotional hängen und die Sie bereits mehr als ein Jahr nicht verwendet haben. Was zu schade zum Wegwerfen ist, können Sie ja getrost online verkaufen, einen Flohmarkt veranstalten, oder für einen guten Zweck spenden.

Neben der Ordnung im Zuhause und dem Zeitmanagement ist es auch wichtig Ordnung in alle Bereiche des Lebens zu bringen. Schreiben Sie eine Einkaufsliste und einen wöchentlichen Speisenplan. Sie können auch einen Putzplan aufstellen, wenn Sie sich damit besser fühlen. Auch ein Haushaltsbuch ist absolut ratsam. Einnahmen und Ausgaben, Sparpläne, Abrechnungen der Kreditkarte und alles rund um das Thema Finanzen werden dort täglich genau eingetragen. Hier können Sie zum altmodischen Kassenbuch greifen, oder Excel Dateien erstellen oder auch vom Mobiltelefon Apps verwenden.

Zu einem ordentlichen Selbstmanagement zählt auch, dass Sie der Umwelt bescheid geben. Das bedeutet, sagen Sie, wenn Sie keine Zeit haben, bestehen Sie darauf, dass Verabredungen zu einer Zeit abgehalten werden, die Ihnen nehm ist und sagen Sie nein. Treffen Sie sich nur mit ‿uten, wenn Sie wirklich Lust darauf haben und geben Sie auch offen zu, dass Sie lieber zu Hause auf der Couch liegen, als in einem Pub zu sitzen.

Sie müssen immer wissen, dass Selbstmanagement die große Kunst ist, das Leben nach eigenen Bedürfnissen zu gestalten und zu strukturieren. Es bedeutet mehr, als nur eine super Zeiteinteilung. Sie müssen lernen, die Ziele sinnvoll zu setzen und vor allen Handlungen ordentlich zu planen. Vor einer Reise recherchieren Sie doch auch den Weg ausführlich im Navigationssystem, bevor Sie sich auf den Weg machen. Sie müssen Prioritäten setzen lernen und sich konsequent daran halten. Dadurch lernen Sie, die richtigen Entscheidungen zum richtigen Zeitpunkt zu treffen. Nur wenn rund um Sie herum alles geordnet ist, kann sich der Geist frei entfalten und Sie können frei und unbelastet handeln.

Alleine durch ein gutes Selbstmanagement reduzieren Sie den Stressfaktor enorm. Auch der innere Schweinehund lässt sich dadurch einfacher bezwingen und Sie erreichen Ihre Ziele scheinbar mühelos. Gute Vorbereitung bedeutet später weniger Aufwand, denken Sie daran, wenn Sie Ihre Tage planen und strukturieren.

Stellen Sie sich Ihren Tag und Ihre Aufgaben wie ein kompliziertes Gericht vor. Ohne Rezept und Vorlage ist es beinahe unmöglich das Kunstwerk eines Sternekochs nachzukochen. Mit einem ausführlichen Rezept und einem Tutorial aber wird es zur Spielerei.

Tagebuch für Erfolge

Sie sollen nicht nur ein Buch für Ihre Aufgaben führen. Ganz wichtig ist es auch, die Erfolge nicht zu vergessen. Erfolge sind Motivation und jeder kleine Teilerfolg bringt Sie ein Stück voran. Oft übersehen wir diese kleinen Erfolge, die wir im laufe des Tages erlangen. Eher verzweifeln wir an Dingen, die misslungen sind. Daher ist es wichtig, dass Sie am Ende des Tages Bilanz ziehen.

Sie müssen jetzt nicht wirklich ein Tagebuch führen und täglich Romane eintragen. Es reicht auch wenn Sie die Erfolge in Stichworten oder in einer Tabelle festhalten. Wichtig ist, dass Sie sich der täglichen Erfolge bewusst werden und diese auch schätzen lernen.

Denken Sie jetzt nicht sofort an die großen Erfolge wie den abgeschlossenen Millionen-Deal. Erreichte Ziele, und wenn es nur das Widerstehen der Nachspeise in der Kantine war, zählen zu diesen erreichten Zielen. Alle Ergebnisse, die sich so entwickelt haben wie vorgenommen und positive Erlebnisse und schöne Gefühle gehören ebenfalls ins Erfolgstagebuch.

Die lächelnden Menschen, die Ihnen auf der Straße begegnet sind, das nette Telefonat mit einem Vertreter, die dankbaren Augen der Dame, der Sie die Tasche getragen haben und das schöne Abendessen, dass Sie zu Hause erwartet hat zählen hier dazu.

Unterscheiden Sie in Ihrem persönlichen Erfolgs-Journal zwischen privaten und beruflichen Erfolgen. Führen Sie es wirklich täglich, denn dadurch erleben Sie täglich das Hochgefühl, wenn Sie stolz auf Ihre Erfolge sind. Studien zufolge bringt ein Erfolgstagebuch auch viele zusätzliche positive Nebeneffekte mit sich. Durch das Aufschreiben werden Sie auf jeden Fall kreativer und trainieren Ihre schriftliche Leistung. Zudem werden Sie bemerken, dass Sie abends besser einschlafen können, wenn Sie nicht nur an Negatives denken, sondern explizit an die vielen positiven Momente des Tages erinnert wurden. Dadurch können sich sogar Kopfschmerzen bessern, die meist dann auftreten, wenn Sie zu sehr grübeln. Auf jeden Fall werden Sie sich freier fühlen und somit auch fitter und gesünder. Durch das Aufschreiben werden auch die Gedanken frei und der Geist gereinigt.

Mit dem Führen eines Tagebuchs für Erfolge erhält auch Ihr Selbstwertgefühl viel Auftrieb. Sie werden selbstbewusster, wenn Sie sich die Erfolge direkt vor Augen halten. Es schmeichelt Ihrem Ego, wenn Sie Ihre vielen positiven Momente des Tages bemerken, bewusst bemerken.

Dieses Tagebuch für Erfolge wirkt sich auch auf Ihr Mindset aus. Sie programmieren sich dadurch positiv und am Ende des Tages werden Sie dankbar sein, so viele tolle Dinge erleben zu dürfen.

Durch das Aufschreiben verarbeiten Sie den Tag zugleich. Sie müssen sich nicht mehr im Bett wälzen und im Kreis denken. Dadurch verarbeiten Sie auch die stressigen Momente des Tages besser. Auch wenn Sie an einem Tag einen Misserfolg verbuchen mussten, so sehen Sie doch, dass auf der anderen Seite so viele Dinge sehr gut geklappt haben.

Mit dem Erfolgstagebuch haben Sie auch stets den Weg zum großen Ziel im Auge. Durch die kleinen Etappensiege verlieren Sie auch das große Endziel nicht aus den Augen. Das motiviert und lässt Sie viel eher durchhalten. Sie verlieren nicht den Mut, auch wenn das große Ziel noch weit entfernt ist. Sie sehen durch die Bilanz, dass es jeden Tag bergauf und ein Stückchen weiter geht.

Dadurch, dass Sie Ihre Erfolge täglich vor Augen haben, werden Sie sich bewusst, wo Ihre Stärken liegen. Viele Menschen haben Probleme, die eigenen Stärken aufzuzählen, wenn Sie danach gefragt werden. So aber befassen Sie sich täglich mit Ihren eigenen Leistungen und werden dadurch weniger schüchtern auch dazu zu stehen.

Sie erkennen Ihre Stärken und können auch aufrichtig dazu stehen. Sie wissen wo Ihre Vorzüge und Talente liegen und wissen auch genau, wie Sie diese einsetzen müssen. Dadurch werden Sie stark, selbstbewusst und zuversichtlich. Dadurch werden Sie zu einem motivierten und positiven Menschen. Die wenigen Minuten, die Sie täglich zum Führen des Tagebuchs benötigen, zeigen eine enorme Wirkung.

Ein kleiner Tipp zum Abschluss: Machen Sie sich mit dem Tagebuch keinen Stress und keinen Druck. Das bedeutet, es gibt Tage, da passiert nichts extra Gutes. Doch denken Sie nach. Am heutigen Tag ist Ihnen auch nichts Negatives Widerfahren. Alleine das ist schon ein Erfolg, und dass Sie das auch erkennen.

Fazit

In diesem Buch haben wir Sie durch das breite Spektrum der Selbstdisziplin begleitet und Ihnen gezeigt, welche Aspekte und Komponenten hier zusammenspielen. Sie haben gelernt, was Selbstdisziplin wirklich ist und wofür diese verantwortlich ist. Wenn Sie diese letzten Worte im Fazit lesen, lassen Sie alles noch einmal Revue passieren und versuchen Sie genau zu rekapitulieren. Rufen Sie sich Momente ins Gedächtnis zurück, in denen Selbstdisziplin so ungemein wichtig ist. Denken Sie an die Unterschiede zwischen Selbstdisziplin und toxischer Selbstdisziplin und überlegen Sie in welchen Momenten im Leben Ihnen diese beiden schon begegnet sind.

Greifen Sie nun zu Ihrem Notizbuch und schreiben Sie, wie und in welchen Momenten Ihnen das Buch bis jetzt geholfen hat. Haben Sie es geschafft, einige Dinge in Ihrem Leben zu verändern? Wo happert es immer noch und woran könnte es liegen? Haben Sie alle Anweisungen und Ratschläge verstanden und auch umgesetzt? Meist scheitert es an Kleinigkeiten. Vielleicht haben Sie nur bis jetzt noch kein Erfolgstagebuch geführt, einfach weil es Ihnen komisch vorkommt. Werfen Sie die Zweifel über Bord und versuchen Sie es. Sie werden staunen, wie oft ganz kleine Dinge im Leben sehr viel bewirken können.

In diesem Sinne wünschen wir Ihnen viel Erfolg und auch Spaß bei der Umsetzung. Und greifen Sie ruhig öfter zum Buch. manches Mal muss man etwas zweimal oder öfter lesen, um es komplett aufnehmen zu können. Machen Sie sich Notizen und vor allem, stressen Sie sich nicht.

Halten Sie durch und lassen Sie sich nicht von kleinen Rückschlägen vom Pferd werfen. Alleine der Versuch ist ein großer Erfolg und garantiert sind Sie bereits auf dem besten Weg dazu sehr selbstdiszipliniert, erfolgreich und ausgeglichen zu werden.

Impressum

Originale Erstauflage

Druck/Auslieferung:
Amazon.com oder eine Tochtergesellschaft

Impressum:
Cherry Media GmbH
Bräugasse 9
94469 Deggendorf
Deutschland

Printed in Germany
by Amazon Distribution
GmbH, Leipzig

16280518R00080